Rainer Gerckens

WINTERTAGE
IN
ANDALUSIEN

EIN BERICHT

Zum Buch

Wintertage in Andalusien sind etwas sehr Besonderes. Sie sind keineswegs so, wie die gängige Vorstellung es verspricht: ganzjähriges Badeparadies, Strandleben rund um die Uhr, liegen, lesen, faulenzen. Nein, so ist es nicht, denn auch Andalusien hat seinen Winter, der in den Bergen recht kühl werden kann. Wintertage in Andalusien sind etwas Einmaliges, Wunderbares, sehr Kostbares, das am besten mit allen Sinnen geschätzt und gelebt wird.

Zum Autor

Prof. Dr. phil. Rainer Gerckens, M. A. ist Kultur- und Sozialwissenschaftler, lebt in Hamburg und verbringt seit mehr als zwanzig Jahren Herbst- und Wintertage in Andalusien.

Rainer Gerckens

WINTERTAGE
IN
ANDALUSIEN

EIN BERICHT

Hamburg 2023

Rainer Gerckens
Wintertage in Andalusien
Ein Bericht
Hamburg 2023

Bibliografische Information der Deutschen Nationalbibliothek:
Die Deutsche Nationalbibliothek verzeichnet diese Publikation
in der Deutschen Nationalbibliografie; detaillierte bibliografische Daten sind im Internet über http://dnb.dnb.de abrufbar.

© 2023 Prof. Dr. Rainer Gerckens, Hamburg

Gestaltung: Barmbeker Werkstätten, Hamburg
Herstellung und Verlag: BoD – Books on Demand, Norderstedt

ISBN: 978-3-7448-3668-5

I

Es ist das Gleißen und Schimmern, das Flirren und Glimmern, das Blenden und Leuchten, was das Licht des Südens vom Nordlicht unterscheidet. Es ist ein helleres Licht, ein weißeres Licht und ein blendenderes Licht, das sich gerade in den Wintermonaten von einer tief stehenden Sonne ausgehend über das Land ergießt und das Leben ganz anders konturiert, als wir es in unserem nordischen Alltag gewohnt sind.

Wintertage in Andalusien sind etwas sehr Besonderes. Sie sind keineswegs so, wie die gängige Vorstellung es verspricht: ganzjähriges Badeparadies, Strandleben rund um die Uhr, liegen, lesen, faulenzen. Nein, so ist es nicht, denn auch Andalusien hat seinen Winter, der in den Bergen recht kühl werden kann. Von unserem Standort, rund fünfzig Kilometer östlich von *Malaga*, sind es nur eineinhalb Autostunden in die Sierra Nevada, wo man in den Wintermonaten gewöhnlich Ski läuft und sich an den Hängen und auf den

Pisten amüsiert. Andererseits gibt es hier natürlich auch die Wärme, die Wintersonne, die einem Norddeutschen das Herz und die Seele erwärmen und die, nur von wenigen Regentagen unterbrochen, tagsüber meistens scheint. Und die Sonnenuntergänge: Sie sind einmalig, unvergesslich und mit das Schönste, was die Natur mir in ihrer Farbenpracht bislang je zu bieten hatte.

Zudem ist die Pflanzenwelt hier auf eine ununterbrochene Vegetationsperiode eingestellt. Der Jasmin hat seine feinen weißen Blüten zwar bereits abgelegt, aber der Lavendel zeigt sich durchgehend in seiner violetten Pracht am Wegesrand und die Mandelblüten knospen bereits im Januar. Kurze Zeit später zeigt der Oleander seine ersten rosèfarbenen Blüten zwischen den dunkelgrünen, kräftigen Blättern. Auch die Aloen blühen noch und der eine oder andere Hibiskus. Während es im Norden in den Wintermonaten überwiegend karg und grau ist, leuchten hier bereits die Farben des Frühlings in der weiten bergigen Landschaft.

Es waren diese kalten norddeutschen Wintermonate, die in uns den Gedanken reifen ließen, für einige Zeit nach Spanien zu gehen. Der Ukrainekrieg hatte die Strahlkraft der heimischen Heizungsanlage gerade auf ein Minimum reduziert, da sehnten wir uns in südliche Gefilde. Ich hatte meine Professur bereits ein gutes Jahr zuvor aufgegeben und Gabi hatte im Herbst ihre letzten Arbeitstage in der Beratungsstelle hinter sich gebracht. So stand einer etwas längeren winterlichen Reise in den Süden nichts entgegen.

Niko und Lina hatten uns die *Casa Niko* oberhalb von *Algarrobo*, im östlichen Andalusien in ihrer selbstlosen Großzügigkeit zur Verfügung gestellt. Auch ein opulenter Geländewagen stand ohne Einschränkung für uns bereit. Ein großer Dank geht an die beiden für dieses wunderbare Geschenk, das sie uns hiermit bereitet haben. Voller Dankbarkeit und Demut denke ich heute zurück an die unvergesslichen Wintertage am Meer.

Gelernt habe ich aus dieser Reise: Wem immer es möglich ist, der sollte

Wintertage in Andalusien einmal im Leben genießen. Oder wie der Globetrotter und Lebenskünstler *Ernst von Hesse-Wartegg* es bereits 1894 ausdrückte:

„Die Zeit, welche wir in Andalusien zugebracht haben, gehört zu den schönsten unseres Lebens."

÷ ÷ ÷ ÷ ÷

Rainer Gerckens
Hamburg, im März 2023

1

ERSTER TAG

Als wir in tiefschwarzer Nacht das Flugfeld in Fuhlsbüttel hinter uns lassen, ergießt sich der Regen in düstere Pfützen. Die Positionslampen des Fliegers spiegeln sich auf dem nassen Asphalt der Startpiste. Die grünen, orangenen und roten Leuchten der Fahrbahnmarkierungen blitzen in unser Kabinenfenster, als der A320neo über die Bahn schießt und in den grauen, regengepeitschten Morgenhimmel über *Hamburg* abhebt.

Zwei Stunden vergehen in tiefer Finsternis. Der Flieger rauscht in knapp zehntausend Metern Höhe durch die Nacht. Erst gegen acht Uhr morgens blinzelt eine rote

Sonne über den östlichen Himmel. Zunächst zeigt sich nur ein weißlicher Strich am Horizont. Dann leuchtet ein blassblauer Streifen am Himmel, der in ein leuchtendes Gold und schließlich in tausend Organgetöne übergeht. Und letztlich erhebt sich ein roter Feuerball über dem Nachthimmel und taucht das ganze Firmament in ein weiches, rötliches Morgenlicht. Die weißen Schneegipfel der *Pyrenäen* reflektieren das frühe Morgengrauen und lassen die mächtigen Felsgipfel unter uns erahnen.

1: Wintermorgen über den Pyrenäen

Es dauert noch eine Stunde, bevor der Flieger am *Malaga Airport* aufsetzt. Schnell sind wir aus der Maschine und rollen mit unserem Handgepäck zum Exit. Niko erwartet uns schon mit dem schwarzen SUV am Ausgang und bringt uns über die A-7 Richtung Osten, Richtung *Algarrobo* zur *Casa Niko*.

2: Zufahrt zur Casa Niko

Die *Casa Niko* klebt auf knapp 400 Metern Höhe am südöstlichen Hang des Weges, der hinauf zur Ruine des *Castel Bentomiz* führt. Von hier aus geht der Blick über das *Arroyo Bentomiz*, die Schlucht des Baches, der von der Burgruine hinunterfließt, über rauen Fels und buschiges, mit Olivenbäumen besetztes Brachland, bis über den fruchtbaren Küstenstrich, der sich vor dem westlich gelegenen Ort *Velez-Malaga* bis zum Meer erstreckt.

An klaren Tagen ist die Straße von *Gibraltar* am Horizont zu erkennen und an besonderen Tagen im Winter das *Rif-Gebirge* mit seinen über 2000 Meter hohen Gipfeln, drüben im 200 km entfernten Afrika.

Die Freude ist groß, als wir Lina und die Kinder in die Arme nehmen. Noch eben haben wir gemeinsam Weihnachten im dunklen Norden verbracht. Und nun sitzen wir schon gemeinsam im Shirt auf der Terrasse und lassen uns die andalusische Sonne ins Gesicht scheinen.

Der Tag vergeht schnell. Zunächst ein Fußballmatch hinter dem Haus, das nicht enden will. Dann ein leckeres Abendbrot vom Grill und abschließend wieder Fußball, diesmal am Kickertisch. Wir kuscheln uns am Abend unter unsere Bettdecken, werfen noch einen kurzen Blick auf den Nachthimmel, die Lichter und das weite Meer und fallen nach einem langen Tag in einen tiefen Schlaf.

2

ZWEITER TAG

Der Morgen ist dunstig, die spanische Wintersonne ist noch etwas zurückhaltend hinter einer dünnen Wolkenschicht versteckt. Ich muss einen Pullover überziehen, als ich mich zum Frühstück an den langen Tisch auf der breiten Terrasse setze. Aber die Luft ist seidig und schmeichelt der Haut im Gesicht und an den nackten Beinen.

Ein weicher Duft liegt in der Luft, dazu eine Stille, die mir erschreckend fremd ist. Das Großstadtrauschen ist immer ein fester Bestandteil meines Lebens. Hier hingegen herrscht eine ungewohnte Stille, die sich über das weite Tal bis in die Ferne ausbreitet und

zurück in die Seele reflektiert. Eine wohltu-
ende Gelassenheit breitet sich in mir aus.

3: Fischerboote am Strand von Torre del Mar

Am Nachmittag fahren wir hinunter nach *Torre del Mar*, ans Meer. Eine leichte Brise zieht über den breiten Strand. Das Wasser kräuselt sich nur ein ganz klein wenig und eine leichte Dünung lässt die Wellen an den Kieseln des Ufersaums brechen. Obwohl in Andalusien der Feiertag der Heiligen Drei Könige bevorsteht, ist der Strand leer. Die wenigen Menschen bummeln auf der weiten Promenade oder lassen sich zum Mittagssnack in einem der zahlreichen Strandbars und Restaurants nieder. Wir setzen uns in das *Chiringito Estrellas*, erfreuen uns an der deutschen Übersetzung der *Espeto de Gambones* auf der Speisekarte mit *Garnelenspucke*, bestellen kleine Mittagsleckereien und lassen uns den Vino blanco und das Bier schmecken. Die Jungs machen sich auf zum gegenüberliegenden Strand, um noch ein wenig zu kicken. Wir hören den Klängen zweier Mittsechziger zu, die sich gegenüber von unserem Tisch auf der Promenadenmauer mit Gitarre und Schlagzeug eingerichtet haben.

4: Straßenmusik in Torre del Mar

You are my heart und *Johnny B. Goode* tönen zu uns herüber. Die Januarsonne leuchtet mir ins Gesicht, das Meer rauscht leise und eine entspannte Leichtigkeit durchzieht den Körper. Ein Blick nach links und rechts macht deutlich, dass das Publikum auf der Promenade und im Restaurant überwiegend aus gleichsozialisierten, jeansjackentragenden europäischen Spätsechzigern besteht, den gealterten *Kindern von Torremolinos*, die vor dem düsteren Winternorden geflüchtet sind und sich noch ein paar warme Monate im Süden gönnen.

Zum Abschluss des Strandtages gibt es noch ein Familienfußballturnier im holzgezimmerten Strandstadion. Mit einem Feldmaß von 10 x 20 Metern ist es für uns Sechs, gerade noch zumutbar bespielbar. Es endet mit einem 5:3 für die eine Mannschaft, einem geprellten Fuß der Torwartin, verschwitzten T-Shirts und dem dringlichen Wunsch nach einem Bad im Meer, das bei 15 Grad Wassertemperatur angenehm kühlend wirkt.

÷ ÷ ÷ ÷ ÷

3

DRITTER TAG

Heute ist Geschenketag, – zumindest für die Kinder in Spanien, denen die Heiligen Drei Könige große und kleine Überraschungen in die Stube legen. Unsere morgendliche Überraschung ist ein leises Quaken, das wir am Frühstückstisch hören. Ein kleiner Frosch hat es sich im Pumpenraum unter dem Pool gemütlich gemacht. Zeitweise soll er im Sicherungskasten sitzen, wie Niko sagt, und dort die Pumpe außer Betrieb setzen. Wir wollen ihn umsiedeln, auf eines der unbewohnten Nachbargrundstücke. Aber der kleine Quäker lässt sich nicht so leicht einfangen.

Eine leichte Wolkendecke überzieht von den Bergen kommend den Himmel. Ein Pullover ist wieder gefragt und auch eine lange Hose, um weiter draußen am Pool zu sitzen. Überwältigend ist nach wie vor die Stille. Sie ist so ergreifend, dass es einem bisweilen unheimlich vorkommt. Erst am Nachmittag zeigt die Sonne sich wieder. Dann allerdings mit aller Kraft des Südens. Wir genießen die gemeinsamen Stunden und den vorerst letzten gemeinsamen Sonnenuntergang.

5: Abenddämmerung an der Casa Niko

Das Sonnengelb geht langsam in ein erstes Orange über. Dann mischen sich violette Töne in die Weite des Horizonts, bevor der rote Feuerball irgendwo jenseits von *Torremolinos* hinter den Bergkuppen verschwindet.

VIERTER TAG

Die Nacht ist schwarz. Ein andalusischer Nachthimmel zeigt sich am Firmament. Aber nur so lange, bis der silberne Vollmond die nächtliche Szenerie bestimmt. Er überstrahlt alles, was sich am südlichen Himmel tummelt. Taghell scheint er auf die Erde. Um 3 Uhr nachts könnte ich auf der Terrasse Zeitung lesen, so groß und kraftvoll leuchtet der Mond. Selbst in den Morgenstunden will er nicht verlöschen. Um 8 Uhr morgens taucht die feuerrote Sonne im Osten aus dem Meer. Der Mond hält sich noch über eine Stunde im Westen, bevor er hinter dem Bergland im Morgendunst versinkt.

In der frühen Dämmerung bringe ich Niko und Lina und die Jungs zum Flughafen. Der Morgen ist noch voller Dunst, als wir über die Autobahn zum Airport rollen. Erst auf der Rückfahrt hebt sich der letzte Morgennebel und eine strahlende Wintersonne erobert den blauen Himmel über dem Meer.

6: Erste Mandelblüte im Bentomiztal

Heute sind die ersten zarten Blüten im Mandelbaum am Hang zu erkennen. Man muss schon sehr genau hinschauen, um die sich öffnenden Knospen zu erkennen. Scheinbar hat die Natur ihren eigenen Plan,

wem sie den Blütenauftakt des Jahres schenkt.
Es sind die ersten, ganz versteckten Sprossen,
die das Rennen machen. Hervorgezaubert aus
der dunklen Rinde wird ein besonders zartes
Rosè, das die zarten Blütenblätter einfärbt.
Zärtlicher mag sich ein Frühjahr nicht ankün-
digen.

5

FÜNFTER TAG

Ein grauer Wolkenhimmel erwartet uns am Morgen. Es sind diese manhatten-grauen Schattierungen, wie wir sie aus *Hamburg* kennen. Nur sind sie ein wenig heller. Die Sonne lässt sich heute kaum sehen. Vielmehr tröpfelt es immer mal wieder vom Himmel. Wir machen uns zu einem kleinen Spaziergang am Berg auf und schauen uns den Wuchs von den Agaven, den Oleandern und den zahlreichen Mandelbäumen rund um das An-wesen an.

Die Zypressen sind in den letzten Jahren wunderbar gewachsen. Wie eine Reihe großer Bleistifte stehen sie vor der Felswand, die sich gleich hinter dem Pool vor unserem riesigen Fenster erstreckt. Damals waren sie gerade achtzig Zentimeter hoch, jetzt erreichen sie beinahe die Dreimetergrenze. Vor ihnen leuchten die schon recht verblühten Aloen in einem strahlenden Korallen-Rot. Irgendetwas blüht hier immer, egal wie heiß und trocken oder kühl und feucht es gerade ist.

7: Vegetation an der Casa Niko

Die Katzen putzen sich vorm Fenster. Die graue Mimi leckt ihre Pfoten auf dem Balkon vor Nikos Schlafzimmer. Der dicke Mau liegt in seinem Körbchen unter unserem Balkon und kratzt sich mit seinem Hinterlauf am Kopf. Das ist auch gut so, denn hinterm Haus zeigt sich unbemerkt von den Vierbeinern ein neuer Gast: Eine große olivbraungrüne Kröte watschelt über die Fliesen, auf der Suche nach einem feuchten Plätzchen.

8: Quakender Gast

B evor unsere Katzen die Witterung aufnehmen, schnappe ich mir einen Kescher, der gerade groß genug ist, um den fetten Burschen einzufangen. Vorsichtig setze ich ihn auf ein Kehrblech und schnellen Schrittes eilen wir hinunter zu einem der weiter unten im Tal liegenden Grundstücke, wo wir den kleinen Quäker auf einer saftigen Kleewiese aussetzen. Hier sollte er erstmal sicher vor unseren kleinen Raubtieren sein.

9: Weg zum Arroyo Bentomiz

Am Nachmittag steigen wir zum *Arroyo Bentomiz* hinunter, dem Bach, der vom *Castillo Bentomiz* hinunter in das Tal führt und sich bei *Mezquitilla* ins Meer ergießt. Wir gehen auf unbefestigten Wegen vorbei an Olivenhainen, die mit ihren kräftigen Stämmen vor mehr als hundert Jahren gepflanzt worden sein müssen. Am Wegesrand blüht vereinzelt der Lavendel. Nach einer halben Stunde erreichen wir den Bach, der sich zwischen meterhohen Bambusstauden durch die Landschaft schlängelt. Hier herrscht absolute Stille.

Dieser Ort, mit seinen felsigen Hängen, seiner vielfältigen Flora, seinen kleeüberwucherten Hängen und seinen verdorrten Kakteen hat etwas Magisches. Hier ruht die Welt. Man könnte beinahe an eine heilige Stätte denken. Der Benediktinerpater Anselm Grün schreibt in DIE ZEIT Nr. 1/2023: *„Heilig ist, was der Welt entzogen ist ..., wohin der Lärm der Welt nicht dringen kann."* Dieses ist so ein Ort. Hier scheint die Welt vergessen.

Auf der anderen Seite des Tals steigen wir bergan. Mit jedem Schritt erweitert sich der Ausblick Richtung Meer. Schließlich öffnen sich die Wolken und die Sonnenstrahlen leuchten in das Tal und auf uralte Bäume, deren Wurzeln sich in dem felsigen Grund festgekrallt haben. Eine innere Ruhe durchdringt mich, ein Innehalten im Hier und Jetzt. Welch ein archaischer Moment in dieser Stille.

÷ ÷ ÷ ÷ ÷

SECHSTER TAG

Gabriel's Thema ist das faszinierende Oboensolo aus der Filmmusik zu *The Mission*, komponiert von Ennio Morricone. Es passt so wunderbar in diese Landschaft. Heute machen wir uns auf den Weg zu dem Haus eines anderen Gabriel. Es liegt auf dem Bergkamm zwischen dem *Bentomiztal* und dem *Rio de Algabrrobo y Sayalonga,* an der *Cuesta de Guanos.* Der Weg ist zum Teil abenteuerlich. Er ist zwar breit genug für ein Auto, allerdings so steil und felsig, dass hier nur ein echter Geländewagen heraufkommen würde. Zunächst müssen wir jedoch am Hundezwinger im unteren Talweg vorbei. Dort sind drei große

Wachhunde untergebracht, die - so hat man den Eindruck - das Tal bewachen und jeden Vorbeikommenden, von denen es hier allerdings kaum jemanden gibt, aus voller Kehle angsteinflößend anbellen. Schnell vorbei und dann rechts ab, den Felsweg bergan. Es geht vorbei an zahlreichen Olivenbäumen, die hier auf den grob angelegten Terrassen wild wachsen. Sie scheinen aber abgeerntet zu sein, denn es sind kaum noch Olivenfrüchte zu entdecken.

10: An der Cuesta de Guanos

Nach einer halben Stunde haben wir die Siedlung erreicht, die von Gabriels Haus bekrönt wird. Und auf halber Strecke sehen wir ihn dann in einem der abseits liegenden Gärten. Wir winken freundlich hinüber und Gabriel winkt zurück. Er kennt uns seit einiger Zeit, da er früher die *Casa Niko* betreut hat. Mit seiner Frau Cornelia kümmert er sich um Haus und Hof der Grundstücke im *Bentomiztal*. Weiter geht es bergan bis zu Gabriels Haus, wo wir den Bergkamm erreichen. Von hier aus lässt sich das *Sayalongatal* überblicken. Im Norden sehen wir *Competa*, das weiße Dorf am Fuße der *Sierra de Almijara*. Im Osten liegt das ebenfalls weiße Dorf *Sayalonga*. Nicht weit von hier haben die Niederländer Clara Verhej und André Both im Jahre 2003 die *Bodegas Bentomiz* begründet, ein Weingut, auf dem erfolgreich versucht wird, die andalusische Weinbautradition wieder zu beleben. Nach Süden erstreckt sich das Mittelmeer und im Westen geht der Blick bis Richtung *Marbella*. Wir haben etwa 100 Höhenmeter erklommen, befinden uns auf knapp 500 Metern über dem Meeresspiegel. Ein sanfter Januarwind umfängt uns, die wir in kurzer Hose und im T-Shirt den Aufstieg hinter uns gebracht haben. Jetzt geht es auf der sich steil abwärts schlängelnden *Cuesta de Guanos* zurück Richtung *Casa Niko.*

Am großen weißen Wasserspeicher biegen wir wieder ins *Bentomiztal,* vorbei an der Villa der HSV-Legende *Harry Bähre,* der tatsächlich eine Raute auf den Boden seines Pools hat einfliesen lassen. 1963 erhielt er als erster Bundesligaspieler vom DFB die Lizenznummer 001. Mit Dieter und Uwe Seeler spielte er gegen Barcelona und Lyon. Später war er Vorstandsmitglied des Traditionsvereins vom Rothenbaum. Heute sieht es so aus, als sei *Harry Bähre* schon lange nicht mehr hier gewesen.

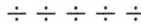

SIEBTER TAG

Ein glasklarer Morgen. Die Scheiben sind beschlagen. Die Nacht war wohl wieder etwas kälter. Der gegenüberliegende Hang ist in ein warmes Orange getaucht. Die Sonne ist bereits aufgegangen, heute ohne jedes Wolkenband davor. *Benalmadena*, jenseits von *Malaga* erhält die ersten Sonnenstrahlen. Dann folgen die Häuser oberhalb von *Benajarafe*, bevor auch die Promenade von *Torre del Mar* in das warme Wintersonnenlicht getaucht wird. Bei uns schaut die Sonne kurz nach zehn Uhr auf die Terrasse. Dann sind die Katzen bereits versorgt und das Frühstück ist vorbereitet, um es auf der Terrasse einzunehmen.

D er Tag vergeht mit Gitarrenmusik und vielfältigem Lesestoff bei winterlichen 23 Grad im Schatten. Erst gegen 18 Uhr ist ein Hemd gefragt, um die laue Abendbrise abzuwehren. Der Himmel beginnt sich rosa einzufärben. Dabei wird die Silhouette am Horizont immer klarer: Im Westen erscheint der Felsen von *Gibraltar* in seinem markanten Umriss. Im Süden ist die afrikanische Küste mit ihren hohen Gebirgsgipfeln so klar wie selten zu sehen.

11: Afrikablick

Der Blick nach Afrika hinüber ist immer wieder faszinierend. Nur an wenigen klaren Abenden zeigt sich die dortige gebirgige Küste. Direkt gegenüber liegt *Al Hoceima*, eine marokkanische Stadt mit über fünfzigtausend Einwohnern. Zu sehen ist davon allerdings nichts. Manchmal erahnen wir einen nächtlichen Lichterschein, aber das ist natürlich Unsinn, da die Erdkrümmung dies rein physikalisch ziemlich unmöglich macht.

Bedenkt man, dass ein großer Teil der andalusischen Mittelmeerküste seit den sechziger Jahren von Hotels und Appartementanlagen zugebaut ist, fragt man sich natürlich, warum sich dort drüben nicht eine entsprechende touristische Konkurrenz entwickelt hat. Das Klima ist warm, der Regen spärlich.

In der Region um *Al Hoceima* am Rande des *Rif-Gebirges* leben überwiegend Rifkabylen, eine traditionelle Volksgruppe der Berber, die sich gegen den marokkanischen Zentralstaat, wie auch gegen die ehemaligen spanischen und französischen Besatzer immer zu wehren wussten. Vor einhundert Jahren wurde sogar eine eigene Rif-Republik ausgerufen, die von den Besatzungstruppen gewaltsam zerschlagen wurde.

Ein großer Teil der Bevölkerung der unwegsamen Gebirgsregion lebt vom Haschisch-Anbau. Marokko ist immerhin weltgrößter Haschichexporteur mit dreitausend Tonnen pro Jahr. Glaubt man den Reiseberichten aus der Region, so sind Touristen hier nicht überall willkommen.

12: Afrikanische Küste jenseits von Torre del Mar

Insofern ist ein Ausbau der Infrastruktur hier in nächster Zeit nicht sehr wahrscheinlich.

Im orangegoldenen Abendlicht, das zunehmend in violette Nuancen hinübergleitet, entsteht ein traumhafter Ausblick auf die scharfen Konturen der afrikanischen Gebirgskette in der aufkommenden Dunkelheit. Und wenig später leuchtet nur noch dieser eine Stern im Westen vor einer schwarzen Nacht. Erst langsam lassen sich weitere Sterne über unserem Dach erkennen, bis ein gigantisches Sternensysteme den Himmel überstrahlt: ein atemberaubender andalusischer Nachthimmel.

8

Eine warme Wintersonne weckt uns. Es scheint ein Strandtag zu werden. Nach einer ganzen Woche hier im Süden packen wir die Strandtasche und fahren Richtung Westen nach *Benajarafe*, ein kleiner Ort am Meer mit einem riesigen Strand und ein paar Sommerhäuschen sowie einer schlichten, aufgeräumten Promenade. Und mit *Salvador*, der inmitten der Siedlung, direkt am Wasser seit 1905 eine Bäckerei betreibt. Hier kommen die Backwaren direkt aus der Backstube in den Laden. Auf *Salvadors* Leckereien mag man an einem solchen Tag nicht verzichten.

13: *Gemüseanbau auf terrassierten Hängen*

Zunächst geht es den Berg hinab zur A-7, dann eine gute viertel Stunde Richtung *Malaga*. Hier fahren wir durch eine grüne Landschaft, die es vor zwanzig Jahren noch nicht gab. Damals war die andalusische Küste noch von kargen, braunen Erdlandschaften geprägt. Zudem hatte man den Eindruck der Verwahrlosung vieler Landstriche: Schotter und Schrott, Plastikmüll und Unrat verteilten sich überall. Das änderte sich in den Jahren nach der Jahrtausendwende. Zunächst wurde gewaltig aufgeräumt, was sicher auch mit der sich entwickelnden Infrastruktur zu tun hatte. Dann wurden die Hügel terrassiert und etliche Mangoplantagen angelegt.

14: An der Promenade von Benajarafe

Die Mangozucht führte zu einem Aufschwung der landwirtschaftlichen Produktion in der Region. Hier war mit einfachen Mitteln ein guter Ertrag zu erwirtschaften. Allerdings benötigen die Mangobäume einiges an Wasser, was im andalusischen Süden nicht sehr reichlich vorhanden ist. Zudem benötigten die Bäume einige Jahre, bevor sie ihren Ertrag abwerfen können. Dies änderte sich um

2010 mit der nahezu inflationären Aufzucht von Avocados.

Die Avocado-Nachfrage war in Europa enorm gestiegen, sodass eine Produktion in Südeuropa ökonomisch sinnvoll erschien. Seitdem erwirbt oder pachtet so mancher Andalusier einen Hang in den Bergen, lässt ihn mit einfachen Mitteln terrassieren und pflanzt kleine Avocadobäume, die schon nach kurzer Zeit ihren Ertrag abwerfen, vorausgesetzt, sie werden entsprechend bewässert. Und hier liegt genau das Problem. Ein Kilo Avocados benötigt ca. 600 Lier Wasser bis zur Ernte. Während Oliven, Zwiebeln und Mandelbäume ohne Bewässerung auskommen, erfordert die Avocado- und auch die Mangozucht übermäßig viel Wasser, das in Andalusien aufgrund des Klimawandels einfach nicht mehr vorhanden ist. Gerade in unserer Region um *Velez-Malaga*, der alten Hauptstadt der Region *Axarquia*, wird dies zum Problem. Bodenerosion und Erdrutsche sind die Folge. Das können die Einheimischen nach heftigen Regentagen bestätigen, wenn die Schlammabgänge die Straßen blockieren. So schön grün die Landschaft auch geworden ist, die Probleme, die sich damit ergeben haben, sind noch lange nicht gelöst.

15: Blick vom Torre Moya in Benajarafe

*B*enajarafe zeigt sich heute von seiner windigen Seite. Während wir am Berg nur ein laues Lüftchen spürten, pfeift hier der Westwind über den breiten, feinsandigen Strand. Es sind nur wenige Menschen am Wasser. Wer ohne Pullover zwanzig Minuten an der Brandung entlangläuft, ist froh, wenn er wieder die Promenade erreicht, um von den

Palmen und den Oleanderbüschen geschützt in der warmen Sonne die Straße entlang zu bummeln.

Ein steiler Weg führt hinauf zum *Torre Moyà* oberhalb des Ortes, dem größten der alten steinernen Signaltürme an der Küste. Ein knutschendes junges Pärchen in einem kleinen Peugeot hat den Aussichtspunkt vor uns erreicht. Wir schieben uns seitwärts an dem Wagen vorbei, hin zum Aussichtsgitter, von wo der Blick nach Osten bis zum dreißig Kilometer entfernten *Torrox Costa* geht.

Wir schlängeln uns um den Turm und setzen uns auf eine schlichte Holzbank mit Blick auf die weiten Berge jenseits von *Malaga*, wo wir *Salvadors* leckere Backwaren auspacken und genießen.

Zurück geht es zunächst entlang der Küstenstraße, dann hinauf zur A-7, die uns Richtung Osten bringt. Noch schnell ist ein wenig Obst und Gemüse eingekauft, sodass wir für die nächsten Tage als Selbstversorger ausgestattet sind. Dann sind wir auch schon wieder an der *Casa Niko*.

16: Abendhimmel in Andalusien

Der Abendhimmel hält heute noch eine besondere Überraschung für uns bereit. Man meint, der Himmel brennt. So intensiv beleuchtet die versunkene rote Sonne die aufziehende Wolkendecke.

9

Wieder ein blauer Wintertraummorgen. Heute tun wir gar nichts. Naja, nicht ganz. Am Mittag machen wir uns nochmals auf den Weg in das Tal zum *Arroyo Bentomiz*. Vorbei geht's an den Hunden, die zunächst wieder fürchterlich kläffen. Dann werden sie still. Kennen Sie uns vielleicht bereits? Beiderseits des Weges haben die Mandelblüten ordentlich zugelegt. Was sich vor einigen Tagen erst erahnen ließ, das schlägt mittlerweile in zartrosaweißen Blüten aus, die vor der grünbeigen Landschaft eine freundliche Stimmung schaffen.

I m Tal angekommen suchen wir den Weg, der den Bach entlang abwärtsführt. Nach einigen hundert Metern geht es nicht weiter. Die Regengüsse kurz vor Weihnachten haben den Weg komplett unterspült, sodass wir eher in einem Bachbett, denn auf einem Weg weiterkämen. Da wir keine Lust auf verstauchte Knöchel haben, kehren wir um. Schade, denn dort unten, unter den Felsen und zwischen den alten Bäumen ist es einfach einmalig schön.

17: Unwegsames Gelände im Bentomiztal

Den Nachmittag schließen wir mit einem kleinen Tennismatch hinter dem Haus ab. Am Abend testen wir einen neuen Roséwein aus dem *Valdepenas* (nicht schlecht) zu einer leckeren andalusischen Gemüsepfanne. Alles viel, viel besser als Nässe, Kälte und Regen in der weit entfernten Heimat. Was war das für eine gute Entscheidung, hierher zu kommen!

10

ZEHNTER TAG

Als wir vor über zwanzig Jahren das erste Mal nach Andalusien kamen, trug das erste Haus, das wir hier gemietet hatten, den Namen *Villa Algarrobo*, benannt nach dem Johannisbrotbaum, der seit biblischen Zeiten im Mittelmeerraum beheimatet ist. *Algarrobo* ist auch der Name eines der Dörfer an den Ausläufern der *Sierra de Almijara*, das wir am nördlichen Rand umfahren, um zur *Casa Niko* zu gelangen, die oberhalb des Ortes in den Bergen liegt.

Der Ort stammt aus maurischer Zeit, also aus der Zeit zwischen 711 und 1492, ist aber wahrscheinlich viel älter, denn hier hatten sich bereits in vorrömischer Zeit Menschen angesiedelt, wie die Ausgrabungen von *Trajamar* unter der Leitung des Hamburger Archäologen *Hans-Georg Niemeyer* belegen.

Algarrobo hat zwei bedeutende Persönlichkeiten hervorgebracht. Zum einen *Manuel Melgares Ruiz* (1840-1886), der als Wegelagerer und *Bandolero* zu zweifelhaftem Ruhm in der Region gelangte. Zum anderen *Enrique Ramos Ramos* (1890-1957), der als Minister für Arbeit in der sog. Zweiten Republik auf Seiten der Gegner Francos stand, dann aber ins Exil in die USA ging und 1958 in *München* verstarb. Die Schule in *Algarrobo Costa* ist nach ihm benannt.

Ich parke unseren Wagen neben den Müllcontainern im Norden von *Algarrobo*. Wir bummeln durch die verwinkelten Gassen hinauf zur Kirche des Schutzpatrons des Ortes San Sebastian. Hier ist ein zauberhafter stiller Ort mit einem gepflegten kleinen Garten, der sich vor der Kirche ausbreitet. Die Gärtnerinnen und Gärtner sind gerade dabei die Palmen zu stutzen und die Geländer zu streichen. Wir

grüßen freundlich und man grüßt eher überrascht, aber nicht minder freundlich zurück.
An der rückseitigen Apsis der Kirche entdecken wir ein dickes Seil, das sich über das
ganze Dach bis zum Glockenturm erstreckt.
Scheinbar läutet von hier der Küster beizeiten
die Glocke, denn nebenan liegt der Friedhof
von *Algarrobo.*

18: San Sebastian in Algarrobo

Wir steigen hinab vom Friedhofshügel
und verlaufen uns zwischen den en-
gen, menschenleeren Gassen. Auch
Googlemaps hilft uns nicht weiter, denn es

kann uns hier nicht richtig orten. So laufen wir manche Wege doppelt oder wir bewegen uns im Kreis. Schließlich gelangen wir in einen kleinen Park am unteren Ortsende. Papageien fliegen um unsere Köpfe und lassen sich in den grünen Blättern der dichten Bäume nieder.

19: Plaza España in Algarrobo

Hier und da sitzen die Alten des Ortes auf den Bänken, die jungen Frauen kommen vom Einkaufen, die Kinder sind scheinbar in der Schule und die Männer wohl auf

Arbeit in der Kreisstadt *Velez-Malaga* oder sogar in der Hauptstadt der Provinz, in *Malaga*.

*A*lgarrobo hat seinen eigenen, herben Charme. Es ist noch nicht so herausgeputzt, wie etwa *Frigiliana*. Aber auch hier sind die steilen Wege im Ort in jüngster Zeit gepflastert und in der Hauptstraße, der *Calle Antonio Ruiz Rivas*, wo sich auch die Gemeindevertretung befindet, machen sich die ersten chicen Läden breit, um künftige Sommergäste der Küstenregion zu empfangen.

÷ ÷ ÷ ÷ ÷

11

Die Nächte werden kühler. Die Terrasse ist noch von einer blanken Feuchtigkeit überzogen, als ich gegen 9 Uhr vor das Haus trete. Erst als die Sonne um den Berg kommt, so kurz nach 10 Uhr, trocknen die letzten dunstigen Schleier ab.

Der Samstag-Markt in *Caleta de Velez* wartet heute auf uns. Wir wollten schon immer mal dorthin. Wir parken weit im Westen *Caletas* und laufen dann hinüber zu dem schier endlosen wöchentlichen Markt entlang der N-340. Von der Socke in spanischen Nationalfarben bis zum Räucherstäbchen für die Übriggebliebenen, vom Messi-Trikot bis zu frischen Obst- und Gemüsesorten aller Art reicht hier das Angebot. Der Markt ist an diesem zweiten Januarwochenende gut besucht. Er schließt gegen Mittag.

20: Markttag in Caleta de Velez

Wir bummeln weiter zum Strand von *Caleta*, der noch ein wenig den Charme des unentdeckten Dorfes hat, wo sich noch alte schmale, buntbemalte Häuser an die kleine Strandpromenade schmiegen. Vorbei geht es am Jacht- und dann am Fischereihafen. Wir wollen eigentlich nur noch einkaufen und zurück zur *Casa Niko*. Aber das Wetter ist heute so milde, kein Windhauch regt sich und Sonne und Meer sind so einladend, dass wir noch ein Stückchen weiter laufen, dorthin, wo der Strand von *Caleta* in den von *Torre del Mar* übergeht.

21: Häuserzeile am Strand von Caleta de Velez

Wir setzen uns unter den hohen Palmen an das Wasser und schauen den Segelbooten zu, die in den Hafen einlaufen. Es sind nur wenige Menschen am Meer. Wer heute hierher kommt, der hat keine Strandausrüstung bei sich. Es sind eher die spontanen Besucher, die einen Moment im Sand

verschnaufen wollen und die Stille des sonnigen Wintertages genießen.

12

ZWÖLFTER TAG

Die Katzen waren in dieser Nacht relativ ruhig geblieben, im Gegensatz zu den vorherigen Nächten, als Kater Mau seine Mimi vor den fremden Katern beschützte und von mancher Bisswunde heimgesucht wurde. Auch Mimi blieb nicht ungeschoren, obwohl ich um das Haus laufend mit Kieseln, Taschenlampe und Gartenschlauch bewaffnet dazu beitrug, unsere Katzen zu verteidigen.

Ein kühler Morgen verspricht einen sonnigen, beschaulichen Sonntag. Heute wollen wir es ruhig angehen lassen. Gabi widmet sich ein weiteres Mal der Reparatur der Regenschäden des letzten Frühjahrs, als der

Calima, ein Sandsturm aus der Sahara, verbunden mit kräftigen Regenschauern die ganze Küstenregion mit einer orangenen Schmiere überzogen hat, die sich nur sehr aufwendig entfernen lässt. Zwar hatten Niko und Lina das meiste Mauerwerk schon wieder weiß bekommen, aber es gibt noch so viele Ecken und Fugen, die bearbeitet werden können.

22: Katzenliebe

Ich nehme mir heute einmal wieder die fast sechshundertseitige *Geschichte Spaniens* von Peer Schmidt u.a. von 2013 vor und bin

immerhin schon im 19. Jahrhundert ange-
langt. Danach gönnen wir uns ein kleines Tennismatch hinter dem Haus, bevor ich mich zur
Abkühlung in den ziemlich kühlen Pool be-
gebe.

Die *Casa Niko* ist ein genialer Rückzugs-
ort hoch oben über dem Mittelmeer,
am Südhang des *Bentomiztales*. Irgendwann
nach der Jahrtausendwende hat Paul aus *Kopenhagen* hier Land erworben und mehrere
Häuser bauen lassen: das größte Haus für sich,
das für seine beiden Söhne und ihre Familien
um 2004 gleich nebenan. 2019 hat Niko das
Traumhaus der Söhne erworben. Es ist auf einer großen Terrasse gelegen und hat eine dreißig Meter lange Balustrade nach Südwesten,
zum Meer hin ausgerichtet. Abends glitzern
die Lichter von *Torre del Mar* herauf und Sil-
vester lässt sich das Feuerwerk von *Torremolinos* und *Benalmadena* von hier aus genießen.

Das Gebäude selbst ist recht untypisch in
der spanischen Häuserlandschaft.
Während die traditionellen hiesigen Häuser
durch kleine Fenster und dicke Mauern die

Sonne und das Licht weitgehend ausschlie-
ßen, verfügt die *Casa Niko* über eine zehn Meter breite und knapp drei Meter hohe Glasfassade in einer der Mittelhalle vorgelagerten,
halbrunden geschlossenen Veranda, wo der
große Esstisch und einige gemütliche Polster-
liegen stehen.

23: *Casa Niko*

S eitlich der Wohnhalle führt jeweils eine
fünfstufige Treppe in die angrenzenden
Schlafräume und Bäder. Mich erinnert die Ar-
chitektur immer ein wenig an Schloss
Sanssouci in Potsdam.

Insgesamt sechs Schlafzimmer stehen zur Verfügung, sodass für die ursprüngliche Belegung mit zwei Familien genug Raum vorhanden ist. Der Pool befindet sich auf der Südseite, direkt vor unserem großen vier Quadratmeter großen Schlafzimmerfenster. Mit einer Dimension von fünf mal zehn Metern bietet er Platz für viele Schwimmzüge. Der Jacuzzi davor ist eher etwas für den Sommer, denn die Wassertemperaturen liegen heute bei erfrischenden fünfzehn Grad. Da treibt es mich doch schnell wieder hinaus.

24: Eingang zur Casa Niko

Am Nachmittag kommt wie aus dem Nichts bei hellblauem Himmel ein kleiner Orkan aus den Bergen hernieder. Wir sichern die fliegenden Terrassenstühle und ziehen uns in den sonnigen Windschatten zurück. Der Pool schlägt kleine Wellen. Die Katzen dösen unter unseren Liegestühlen. Es bleibt aber angenehm warm. Die milde Wintersonne lässt uns bis nach achtzehn Uhr draußen sitzen: Eine für uns neue Facette des andalusischen Winters.

13

DREIZEHNTER TAG

Immer wenn wir den Berg hinunter und durch *Torre der Mar* fahren, wundern wir uns über die Schienen in den Straßen. Auch relativ neu sehen sie aus. Um die Reste alter Industrieanlagen kann es sich also nicht handeln. Und dann gibt es da diese kleinen Wartehäuschen. Aber ein Schienenfahrzeug haben wir bislang nie gesehen.

Heute folgen wir diesen Schienen, die im Osten des Ortes am Hospital beginnen, sich durch die Hauptstraße ziehen und sich dann Richtung Norden fortsetzen. Wir verlassen den Ort mit dem Auto und kommen nach einer kurzen Fahrt zwischen Gewerbebauten und Gemüseplantagen in der historischen Zentralstadt der Region, in *Velez-Malaga* an. Die Stadt hat nichts mit dem großen *Malaga* mit seiner halben Million Einwohnern im Westen zu tun. Nur der eine Namensteil ist identisch.

Die Schienen ziehen sich hier schnurstracks hinauf bis an den Rand der Altstadt. Hier oben scheinen sie völlig unbenutzt. Wir müssen recherchieren, um des Rätsels Lösung zu ergründen: Zwischen 2006 und 2012 verband eine moderne Straßenbahn die beiden Orte. Mehr als 600.000 Passagiere nutzten jährlich die mit EU-Mitteln errichtete Bahn. Über die Finanzierung der Unterhaltskosten konnte man sich jedoch nicht einigen, sodass die Bahn stillgelegt wurde, obwohl der nördlichste Schienenteil gerade im Ausbau war. Daher die Unversehrtheit dieses Streckenteils. Ein sonderbares Kuriosum. Nun melden die *Costa Nachrichten* in diesen Tagen, dass die EU erneut 3,7 Millionen Euro für die Reaktivierung der Bahn zur Verfügung stellt. Wir schauen gespannt in die Zukunft und

freuen uns auf die Fahrt in die alte Festungs-
stadt, irgendwann einmal per Straßenbahn.

D er Trip nach *Velez-Malaga* lohnt sich
wirklich, denn oberhalb der Altstadt
thront eine Festungsanlage, die mehr als tausend Jahre alt ist.

25: Festungsturm in Velez-Malaga

Ein eckiger Aussichtsturm, den wir über eine
steile Wendeltreppe mit einundachtzig Stufen
erklimmen, bietet einen fantastischen Ausblick in die nahe und ferne Umgebung.

Auf der alten Anlage ist es jetzt im Januar besonders ruhig. Man begegnet kaum einem Menschen, wenn, dann sind es wenige Touristen, die sich von den alten Gemäuern angezogen fühlen und schnell wieder verschwinden.

26: Blick von der Festung nach Süden

Rund um die wiederhergestellte Ruine finden sich zahlreiche blühende Pflanzen, wie etwa Hibiskus oder sogar Lavendel, der hier selbst im Januar seine lilablauen Blüten zeigt.

÷ ÷ ÷ ÷ ÷

14

Die Nacht ist stürmisch. Gabi meint ein Auto gehört zu haben. So scheint es beinahe. Es ist aber nur der Sturm, der mit Fallwinden von den Bergen durch die Täler fegt und lauthals in den Palmen heult. Den Wassernapf der Katzen finde ich am Morgen irgendwo im Steingarten wieder.

Heute ist es frisch geworden. Wir frühstücken erstmals im Haus und nicht auf der Terrasse. Die Sonne zeigt sich nur vereinzelt zwischen den Wolkenlücken, die immer wieder den hellblauen andalusischen Himmel freigeben.

In diesen Tagen habe ich mir einen neuen Sonnenhut gekauft. Der alte war ein Plastikteil mit gestanzten Löchern aus den Touristengassen von *Nerja*. Der neue Hut stammt aus einem Eisenwarenladen in *Algarrobo*, wo wir Spachtel und Schleifpapier zur Ausbesserung der Balustrade gekauft haben.

27: Getränkekühlung im andalusischen Winter

Ich sage zu Gabi, dass dieser Strohhut sich nicht nur angenehmer tragen lässt, sondern dass er auch ökologisch nachhaltiger und rein vegan hergestellt sei. Sie meint, ich solle ökologisch nachhaltig nicht so viel Dosenbier trinken. Mein Widerspruch, dass ich nur dafür sorge, dass dieses Zeug aus den Regalen verschwindet, überzeugt sie allerdings nicht vollständig.

Auf dem Rückweg vom Einkauf treffen wir Rado. Rado macht das, was früher Gabriel gemacht hat: Er versorgt Haus und Garten über das Jahr, kümmert sich um den Pool und ist immer zur Stelle, wenn mal was ist, wenn gerade niemand in der *Casa Niko* weilt. Rado versorgt auch andere Häuser im Tal. Heute streikt gerade sein Peugeot. Wir beratschlagen, wie er den Wagen vom Berg hinunter bekommt. Rado möchte aber keine weitere Hilfe annehmen. Er bekommt das angeblich irgendwie hin, so wie er wohl vieles im Leben irgendwie hinbekommt. Rado ist sehr freundlich, recht zuverlässig und bemüht, so wie man hier eben ist. Auf jeden Fall freuen wir uns, in der einsamen Bergwelt ein bekanntes Gesicht zu treffen.

÷ ÷ ÷ ÷ ÷

15

Der andalusische Winter ist dann da, wenn die Spanierinnen ihre Winterstiefel und ihre Fellwesten rausholen. Zugleich liegen die nordischen Touristen hinter windschützenden Felsvorsprüngen in Badekleidung und fangen die begehrten Strahlen der tiefstehenden Sonne ein. Es ist ein hin und her zwischen Warm und Kalt. In den Nächten, den Abend- und den Morgenstunden fühlt es sich schon ziemlich kühl an. Sobald die Sonne hervorkommt, ändert es sich schlagartig. Sie hat auch im Winter eine enorme Kraft. So lassen wir es uns bei 13 bis 15 Grad gut gehen. Bedenkt man doch, dass in ganz Südwest- und

Mitteleuropa, von *Madrid* bis *Kopenhagen*, die Temperaturen um den Gefrierpunkt liegen. Allerdings sieht man bereits auch hier auf den entfernten Bergzipfeln die ersten weißen Kuppen. Um *Granada* soll es in der Nacht geschneit haben. Am unangenehmsten ist der heftige Wind, der es noch kühler erscheinen lässt, als es tatsächlich ist.

Holger und Magdalena haben in den letzten Tagen Bilder von ihrem Norwegenurlaub geschickt. Faszinierend: hüfthoher Schnee in eisiger Einsamkeit. Auch nicht schlecht, aber nicht das, was ich im Januar gerade suche. Da haben wir uns wohl doch für das richtige Ziel hier im Süden entschieden.

Wir machen uns auf den Weg nach *Nerja*, im Osten. Dort rücken die südwestlichen Ausläufer der *Sierra Nevada* schon erheblich an die Küste heran. Die letzte große Bucht vor den steilen Felsen ist die *Playa Burriana*. Dort parken wir den schwarzen SUV. Hier ist es im Vergleich zu anderen Zeiten ziemlich leer. Nur wenige Restaurants haben geöffnet. Dort sitzt dann überwiegend die

silver generation, die hier ihren Morgencafé ein-
nimmt und das warme südliche Klima ge-
nießt.

28: Arkaden in Nerja

Wir klettern auf der *Calle Amunecar*, die
vor zwanzig Jahren noch ein betonge-
gossener Steg war, vorbei am Parador hinauf
in den Ort. Die ansonsten überfüllten Gassen
nehmen sich angenehm ruhig aus. Viele Restaurants haben geschlossen. Zum Teil hängt
noch die Weihnachtsdekoration in den Fens-
tern. Lediglich an den Arkaden des *Balcon de
Europa* scheint gerade ein Reisebus ausgekippt

worden zu sein. Der Blick von hier oben auf die Felswände in Richtung *La Herradura* ist immer wieder überwältigend.

29: Blick vom Balcon de Europa in Nerja

Wir besorgen uns zwei *San Miguel* und ein leckeres ofenfrisches Baguette im örtlichen *Coviran* und bummeln wieder runter an den *Burriana Strand*. Dort setzen wir uns in eine windgeschützte Felsenecke und schauen übers rauschende Meer in die Sonne. Das sind die Tage, warum wir gerade hier sind und nirgendwo sonst.

30: An der Playa Burriana

G egen Abend wird es wieder ziemlich kühl im Haus. Wir entzünden den Gasofen und lümmeln uns auf die großen Liegen vor der Glasfassade des Hauses. Die Nacht ist schwarz. Nur die Sterne funkeln über dem Meer.

16

SECHZEHNTER TAG

Ein glasklarer Morgen. Der Wind hat sich gelegt. Schon morgens können wir bis nach Marokko hinüberschauen. Es ist aber noch immer ziemlich frisch. Das Thermometer zeigt 6 Grad. Da bleibt man gerne noch eine Stunde im Bett, denn die Sonne kommt erst gegen 10 Uhr um den Berg. Wir entscheiden uns für ein Tennismatch hinterm Haus, um etwas warm zu werden. Nach zwanzig Minuten flüchten wir mit kalten Händen wieder ins Haus. Doch schon kommen die ersten Strahlen durch die großen Palmenwedel vorm Schlafzimmerfenster. Jetzt lässt es sich in wohliger Wärme draußen frühstücken.

E s bleibt ein stürmischer Tag. Die Katzen lassen sich heute gar nicht mehr sehen. Gegen Abend geht der Wind in einen Orkan über. Die Fußmatten landen in der Hecke, die Balkonstühle legen sich auf die Seite. Ein mannshoher verdorrter Busch landet von irgendwoher kommend auf der hinteren Terrasse. Es rauscht in den Palmen. Die Wedel peitschen hin und her.

31: Wind aus den Bergen am Spätnachmittag

E s wird ein bisschen unheimlich, sobald sich das Licht im Westen verabschiedet. Wir ziehen uns in unser Zimmer zurück,

ziehen die Vorhänge vor die Fenster und hoffen auf einen windstillen Morgen.

17

SIEBZEHNTER TAG

Heute morgen sind die Fenster einmal nicht beschlagen. Das bedeutet, die Nacht war nicht so kalt, wie die vorherigen. Blaugraue Wolkenfetzen lösen sich über dem violetten Morgenhimmel auf. Die Sonne kommt zwischen den Wolken hervor und der Wind des vorherigen Tages scheint sich gelegt zu haben. Das Frühstück nehmen wir zeitig in der Halle ein und machen uns dann auf den Weg Richtung Meer.

Unterhalb von *Algarrobo* liegt der Ortsteil *Algarrobo Costa*, der direkt an das Meer grenzt. Hierbei handelt es sich überwiegend um eine Bausünde der siebziger Jahre, die aus rund zwanzig zehnstöckigen Wohntürmen mit bis zu je dreihundert Wohnungen besteht. Diese sind jetzt im Winter überwiegend unbewohnt, sodass ein morgendlicher Spaziergang auf der Palmenpromenade bei einer leichten Seebrise heute entspannt auf uns wirkt.

32: Palmenpromenade in Algarrobo Costa

Ein schöner Platz am Ende der Bausünden ist der Zufluss des *Rio de Algarrobo y Sayalonga* in das Meer. Hier beginnt der Ortsteil *Mezquitilla*. Ein breites Flussbett versandet vor der Mündung in ein kieseliges Rinnsal mit Bambusgesträuch und Ansammlungen von

Muschelresten. Man kann entweder über eine hölzerne Fußgängerbrücke das andere Ufer erreichen oder durch das ausgewaschene und vertrocknete Flussbett. Wir entscheiden uns für den Fluss und kommen trockenen Fußes auf die andere Seite.

33: Am Strand von Mezquitilla

Drüben steht das bescheidene *Baobab Beachhouse*, eine kleine Location in bezaubernder Lage mit einem fantastischen Blick über die Bucht von *Caleta* und einer exzellenten Küche. Leider ist es bis Ende Januar geschlossen. Wir werden wiederkommen.

Auf dem Rückweg kommen wir an einem der zahlreichen Signaltürme vorbei, die dazu dienten, vor Piraten zu warnen. Vom 16. bis in das 19. Jahrhundert überfielen Kaperfahrer aus Nordafrika die spanischen Küstenstriche, um die Einwohner als Sklaven zu verschleppen.

34: Unterspülter Signalturm in Algarrobo Costa

Dies ist auch ein Grund dafür, dass die Besiedelung der unmittelbaren Küstenregion erst relativ spät stattfand. Die meisten alten Orte liegen geschützt in den Bergen.

÷ ÷ ÷ ÷ ÷

18

Wieder ein gestochen scharfer Morgen. Heute wird aufgeräumt. Der Sturm der vergangenen Tage hat einiges an Palmenzweigen, Gesträuch und Gestrüpp auf dem Anwesen verteilt und in den Pool geweht. Zudem liegt eine dünne Staubschicht auf dem Land. Also wird gesaugt, gefegt und gekehrt, gewischt und gefeudelt, bis die ganze Schönheit des Hauses neu erstrahlt.

Gabi hat sich einen Teil der Balustrade vorgenommen, den sie schmirgelt und spachtelt, bevor sie neue weiße Farbe auf den Balustradensockel aufträgt. Eine mühselige, kleinteilige Arbeit, die sich aber lohnt, sobald man das Ergebnis sieht.

35: Renovierungsarbeiten an der Casa Niko

Die Nacht bricht hier gegen halb acht herein. Dann wird es schlagartig finster. Nur die gelben Straßenlaternen aus *Torre der Mar* leuchten in den Nachthimmel. Auch die Scheinwerfer der Autos, die auf der A-7 nach Osten fahren sind zu sehen. Ansonsten ist es bis auf die Hausbeleuchtung düster. Wenn das Licht ausgeht, dann erstreckt sich ein imposanter Nachthimmel über unseren Köpfen. Im Süden ist groß und deutlich der Orion mit

seinem Nebel zu erkennen, im Norden leuchtet dagegen der Große Wagen über den Bergen.

36: Abendlicher Blick auf Torre del Mar

Und ganz im Westen steht schon recht
früh ein heller Stern am Horizont, den
wir bislang nicht identifiziert haben. Wahrscheinlich ist es der Stern, der irgendeinen Namen trägt. Verbunden werden die Sternenbil-
der von der gleißenden Milchstraße, die sich
wie ein flatterndes Band von Osten nach Westen erstreckt. Wie hatte es der Hamburger

Dichter Stefan Berg einst unter der Überschrift *Heimatstern* treffend beschrieben:

„Heut Nacht ist's aufgeklart,
Es zieht mich aus dem Haus.
Der schönste Stern von allen,
Sieht jetzt noch schöner aus.

Wenn auch aus schwarzem Raum
Uns zahllos Sterne grüßen,
Der schönste doch, als wahrer Traum,
Liegt unter unsren Füßen."

Und als dann noch eine Sternschnuppe über den Nachthimmel rauscht, ist dieser Moment perfekt.

÷ ÷ ÷ ÷ ÷

19

NEUNZEHNTER TAG

Das *Castel Bentomiz* liegt dreihundert Meter oberhalb der *Casa Niko*. Wir können die beiden Bergkuppen, über die sich das Areal erstreckt, von hier unten gut erkennen. Genau genommen handelt es sich bei der über tausendjährigen Anlage nicht mehr um ein Castel, sondern nur noch über Ruinenreste, die seit dem 16. Jahrhundert dem Verfall und dem Abbruch preisgegeben sind.

Lediglich einige Wehrmauer- und Turmreste, die Ruine einer Zisterne und weitläufige, verfallene Mauerzüge deuten auf eine enorm große Burganlage hin, die unter wechselnder Besatzung ein markantes Äußeres gehabt haben muss.

37: Am Castel Bentomiz

Wir nähern uns über steile, schmale Wege an Abgründen entlangschleichend mit dem SUV der einsamen Burganlage. Uns kommen lediglich drei Mountainbiker entgegen, die hier eine echte Herausforderung finden. Zu guter Letzt lassen wir beim Anblick des felsigen Weges den Geländewagen stehen, denn er soll uns ja auch weiterhin noch treue Dienste leisten. Die letzten zweihundert Meter klettern wir zu Fuß Richtung

Berghöhe. Am Fuße der Ruine angekommen erwartet uns ein – Weinberg. Nur wer weiß, wie hier die Reben angebaut werden, kann die fußhohen, knolligen Gewächse als Reben identifizieren. Mir wäre es nicht aufgefallen, hätte Gabi nicht gesagt, ich stehe gerade in einem Weinberg.

38: Weinanbau auf 700 m Höhe

Tatsächlich hatten wir solche Reben im letzten Jahr auf dem Weingut *Bodegas Bentomiz* in *Sayalonga* gesehen. Allerdings stammen deren Reben nicht von hier, wie mir die Eigentümerin Clara Verhej auf Nachfrage versichert. Ein Spanier schneidet hier oben gerade die Rebstöcke. Er erklärt uns den Weg zur Burgruine entlang einer steilen Rampe. Hier ist es uns aber zu kletterig. Wir wählen lieber den etwas weiteren Fußweg über die Hügelkuppe.

V orbei geht es, zwischen hunderten von Oliven- und Mandelbäumen, die bereits in Blüte stehen, an uralten Mauern, auf einem kleinen Trampelpfad, der sich in sanften Biegungen in die Höhe zieht. Der Blick in die Ferne ist fantastisch. Unterhalb des Hügels liegt in westlicher Richtung *Velez-Malaga*. Von hier oben wirkt die Stadt geradezu wie ein Dorf. Gen Norden sehen wir die weißen Dörfer *Arenas* und Richtung Osten *Competa* und *Sayalonga*. Dahinter erstrecken sich die kahlen Felsgipfel der *Sierra de Almijara*.

V or uns sehen wir bis zum Horizont das riesige Meer. Im Westen lässt sich *Gibraltar* deutlicher als je erkennen. Das ist auch kein Wunder, denn schließlich sind wir in 700 Metern Höhe. Auch der *Gibraltar* gegenüberliegende, doppelt so hohe *Jbel Moussa* ist klar zu erkennen. Zusammen bilden die beiden Berge die *Säulen des Herkules* (oder Herakles), das westliche Ende des Mittelmeeres und damit das Ende der antiken Welt. Hier soll der Halbgott einst die Worte *non plus ultra* (*nicht mehr weiter*) angebracht haben. Zwei symbolische Säulen finden sich noch heute im spanischen Wappen wieder. Nachdem Kolumbus Amerika entdeckte, strich man das *non* und nur das *plus ultra* blieb im Wappen stehen, für den Herrschaftsanspruch der spanischen Krone, die nun über die alte Welt hinausging.

39: *Arenas am Hang der Sierra de Almijara*

Nur der Hauch eines Windes ist heute Morgen zu spüren. Und wieder ist es die absolute Stille hier oben, die mich überwältigt. Der Aufstieg ist letztlich recht mühsam, die Belohnung aber um so größer, als hier wiederum ein Ort der Ruhe und der Demut vor der Welt zu entdecken ist.

40: Blick vom Castel Bentomiz nach Süden

Auf dem Rückweg überholt uns dann noch ein Mountainbiker, den wir gerne vorbei lassen. Auch eine Wandergruppe kommt uns entgegen. Alle Achtung vor der Leistung, hier gänzlich zu Fuß hoch zu kommen. Die Rückfahrt kommt uns kürzer vor, als der Hinweg. Die ganz kriminellen Wegesstellen kennen wir nun schon. Zum Glück kommt uns heute, am Sonntag kein Laster und kein Baufahrzeug entgegen, denn hier oben zu rangieren ist nicht das, was ich mir gerade wünsche.

Heute ist in *Algarrobo* Feiertag. Es ist das Fest des Heiligen Sebastian, der als Ortspatron gilt. Bereits am Freitag war ein Umzug in der Stadt, am Samstag war die öffentliche Disco im Festzelt aufgebaut.

41: Fiesta San Sebastian in Algarrobo

Heute ist Familientag für alle Algarrobinos. Hier scheinen sich heute Nachmittag alle Bewohner versammelt zu haben. Das Festzelt platzt aus allen Nähten. Auf der Bühne heizt die Lokalattraktion *Miguel Bolana* in schwarzem Hemd mit roter Krawatte, roter Hose und roten Lackschuhen als Playback-Sänger der Gemeinde ein.

Ein Song nach dem anderen lässt die Menge johlen, tanzen und feiern. Hier steht jedes Alter auf der Tanzfläche, vom festlich ausstaffierten Fünfjährigen bis zum hutschwingenden Fünfundsiebzigjährigen. Die jungen und auch die älteren Mädels haben sich chic gemacht und lachen, kichern und haben Spaß an dem Tag. Man kennt sich hier, begrüßt sich mit Küsschen und ist guter Dinge bei diesem kleinen Freudenfest im andalusischen Winter.

÷ ÷ ÷ ÷ ÷

20

ZWANZIGSTER TAG

Von Tag zu Tag wird es auch in Andalusien kälter. In *Arenas*, dem Dorf jenseits des *Bentomiz*, sollen letzte Nacht bereits Minusgrade geherrscht haben. Wir frühstücken jetzt auch lieber drinnen, denn die morgendliche Sonne muss sich erst gegen die kalten Lufttemperaturen durchsetzen. Zudem pfeift heute mal wieder ein frischer Wind, der sich erst gegen Mittag legt.

Immer so gegen 16 oder 17 Uhr hören wir ein Rufen und Schreien und ein Gemecker auf der anderen Seite des Tals. Zunächst sind wir verwundert. Dann entdecken wir dort etliche graue, braune und beige Punkte, die sich am wilden Hang entlangziehen. Es ist die Ziegenherde, die dort drüben in einem Gatter am Bergkamm lebt und die mehr oder weniger regelmäßig, also fast täglich, von dem dort lebenden Schäfer über die Hänge getrieben wird. Rund zwei Stunden dauert der Trieb, bei dem der Hirte von mehreren Hunden begleitet wird.

42: Ziegenberg im Bentomiztal

Das ist auch nötig, denn wir haben um die achtzig Tiere ausgemacht. Mit dem Fernglas können wir den Herdentrieb besser erkennen. Dort drüben geht es über felsiges

und unwegsames Gelände, zwischen Oliven-
und Mandelbäumen entlang, vorbei an Geröll
und Gestein. Und das bei jedem Wetter, an
nahezu jedem Wochentag.

43: Gegenverkehr mit Ziegenherde in Algarrobo

Vor vielen Jahren hatte der Vater des jet-
zigen Hirten dort ein kleines Grundstück erworben. Der Sohn hat dann irgendwann die Ziegenfarm aufgebaut und sich damit scheinbar seinen Lebensunterhalt aufgebaut. Wohin er seine Milch oder seinen Käse
liefert, wissen wir nicht. Wir waren noch nie
auf der anderen Talseite, da man es nicht

durchschreiten und über die Straßen und Wege auch nur mühselig erreichen kann.

Der Ziegenkäse, der hier in Andalusien zu kaufen ist, ist aber unsagbar lecker. Da denkt man doch gleich an regionale Produktion, ökologisch und nachhaltig und so. Ein Blick auf das Etikett sagt mir aber dann, dass mein leckerer Käse aus dem Baskenland stammt und in Oberschwaben abgepackt wird. So viel zum Thema regionale Produkte! Schmeckt aber trotzdem ziemlich gut.

Morgens und abends entzünden wir jetzt immer unseren *Berti*. Das ist ein Gasofen der Firma Berthen, dem wir liebevoll diesen Namen gegeben haben. Er wärmt prächtig und man kann ihn sehr praktisch durch das Haus rollen, dorthin, wo die Wärme gerade benötigt wird. Eine riesige silberne Gasflasche auf der Rückseite lässt sich mit wenigen Handgriffen austauschen. Ersatz haben wir bereits bei der Tankstelle in *Algarrobo* für zweiundzwanzig Euro besorgt. Mal schauen, wann wir wechseln müssen.

÷ ÷ ÷ ÷ ÷

21

Heute Morgen habe ich die Gasflasche gewechselt. Gestern Abend war der Gasofen plötzlich ausgegangen. Ich hatte aber keine Lust, abends noch in die Garage zu gehen und die neue Flasche ins Haus zu schleppen. Also haben wir die Decken über die Nasen gezogen und am Abend noch ein wenig in unseren Büchern bzw. in Gabis eReader geschnuppert.

Die Nacht ist wieder ziemlich kalt. Drüben, im Atlasgebirge, auf der anderen Seite des Mittelmeeres, soll es heute Nacht sogar geschneit haben. Man kann es noch aufgrund der dunklen Wolkenbänder erahnen, die am Morgen über das Wasser ziehen. Hier hingegen glänzt wieder der seidigblaue Costa-del-Sol-Himmel und die Sonne steigt um kurz nach zehn über den Berg und scheint auf unsere Terrasse.

44: Winterstrand östlich von Torrox

Gegen Mittag machen wir uns auf zum Meer. Wir wollen nach *Torrox Costa Ost.* *Torrox Costa* ist eigentlich ein NoGo. Hochhaussiedlungen der Siebziger ziehen sich entlang der Küste. Aber jenseits des alten Leuchtturms, da wo der *Rio de Torrox* in das Mittelmeer mündet, verändert sich die Atmosphäre.

Von hier aus zieht sich ein weiter Strand entlang der Küste gen Osten.

Hier ist noch etwas von dem alten Spanien der Aufbruchszeit der Sechziger spürbar. Kleine Strandbars, bestehend aus Strohhütten und Veranden, ausgestattet mit weißen Plastikstühlen und ramponierten Strandliegen, fügen sich vereinzelt zwischen Palmen und Felsen. Jetzt im Winter sind die meisten von ihnen verlassen. Die schäumende Gischt leckt an ihren Fundamenten.

45: Kieselsteine am Strand bei Calaceite

Nur vereinzelt trifft man an diesem kühlen und windigen Wintertag auf Strandläufer und Strandbarbesucher. Zumeist sind es wohl die Menschen, die mit ihren Wohnmobilen auf der anderen Straßenseite überwintern. Sie gönnen sich hier in der Wintersonne ein Bier oder einen Kaffee.

46: Wintertag am Strand von Calaceite

Dieser Strandabschnitt ist aber auch aus einem anderen Grund etwas Besonderes. Hier findet man die schönsten rundgeschliffenen Kieselsteine der Costa del Sol. Greift man sich einen Stein aus der

Meeresbrandung, so möchte man ihn gar nicht wieder loslassen, so rund und geschmeidig fühlt er sich in der Hand an.

Hier ist alles vertreten: Schneeweiße Exemplare wechseln mit marmorierten Gesteinen, tiefschwarze Mineralien finden sich neben grauweiß gestreiften runden Steinen. Während im Westen eher die größeren Exemplare zu finden sind, werden die Kieselsteine gen Osten immer kleiner. Kurz vor dem Ende des Strandes in *Calaceite* wird der überwiegend steinige Strand etwas feiner. Wir setzen uns in den fast schwarzen Sand und fühlen an den Händen die Wärme, die er ausstrahlt. Das Meer rauscht, die Wellen brechen meterhoch. Dies ist einfach nur Balsam für Haut und Seele.

Am frühen Abend bedeckt sich der Himmel. Über *Torre der Mar* sind die ersten Regenschauer zu erkennen. Kurze Zeit später regnet es auch bei uns. Die Katzen suchen Unterschlupf unter dem Balkon des Hauses. Der Abend verklingt bei Wetterleuchten

überm Meer und einem guten 2016er Reserva
aus Navarra.

22

ZWEIUNDZWANZIGSTER TAG

Der Regen hat sich über Nacht verzogen. Nur Richtung *Gibraltar* türmen sich noch dunkle Wolken. Auch Afrika hüllt sich in dunkle Schatten. Das Meer leuchtet im Morgenlicht blauviolett. Erst gegen neun Uhr beginnen sich die Sonnenstrahlen durchzusetzen und tauchen das hiesige Hügelland in einen klaren Morgen.

Lina und Niko hatten erwogen, uns heute mit den Jungs für vier Tage zu besuchen. Sie hatten noch die zwanzig Grad der Weihnachtstage in Erinnerung. Inzwischen liegen wir bei etwa vierzehn Grad am Nachmittag. Morgens ist es hingegen noch recht frisch und nachts sind wir nicht weit vom Gefrierpunkt entfernt. Sie haben sich nunmehr doch dafür entschieden, zu Hause zu bleiben. Aufwand und Ertrag stehen nach ihrer Einschätzung in keinem günstigen Verhältnis. Das lässt sich gut nachvollziehen.

47: Mandelblüte im Bentomiztal

Heute steigen wir noch einmal in das *Bentomiztal* hinab. Während in der letzten Woche die Mandelblüten noch vereinzelt an den Bäumen zu sehen waren, trägt jetzt nahezu jeder dieser Bäume erste Blüten in rosa und weiß. Kleine gelb blühende Gräser,

gepaart mit blauen Lavendelbüschen beglei-
ten unseren Weg hinab.

48: Bambusrohr im Arroyo Bentomiz

In der Wegbiegung, dort wo der Bach an
Regentagen gen Tal fließt, empfinden wir
wieder diese absolute Stille. Nur das eine oder
andere Gezwitscher der Vögel unterbricht die
Ruhe des Moments.

Der Weg hat sich aufgrund des Regens
des letzten Abends ein wenig unweg-
sam gemacht. Mit dem Auto sollte man hier
lieber nicht hinunterfahren. Zu Fuß wandern

wir auf der anderen Talseite ein Stück bergauf, vorbei an verfallenen Ziegenställen und genießen den Blick auf die ockergrünen Hänge und die Weite des Meeres.

49: Sträucher am Wegesrand

A m Nachmittag kommt Cornelia vorbei. Wir begrüßen uns herzlichen und plaudern über die Dinge des Lebens. Schließlich berichtet sie uns über einen Einbruch in ihrem Haus, der am Sonntag, am Tag der Fiesta in *Algarrobo*, stattgefunden hat. Es war gerade niemand im Haus. Man hatte es auf Bargeld abgesehen. Seit zehn Jahren leben Cornelia und Gabriel hier. So etwas hatten sie noch nicht erlebt. Entsprechend groß war der Schreck und der Ärger, als eine Nachbarin anrief und auf Ungereimtheiten am Grundstück aufmerksam machte. Da ein weiterer Einbruch in der unmittelbaren Umgebung nicht angezeigt wurde, geht die Polizei zunächst von einem gezielten Einbruch an diesem Tag aus. Cornelia empfiehlt uns, einfach achtsam zu sein und kein Bargeld und keine Papiere im Hause aufzubewahren. Das tun wir sowieso nie. Aber so richtig beruhigend ist die Nachricht für uns an diesem Tag nicht gerade.

23

DREIUNDZWANZIGSTER TAG

Als wir vor über zwanzig Jahren das erste Mal nach *Frigiliana* kamen, saß man noch an Tischen aus Bierkästen unter sonnenschützenden Stoffplanen auf Plastikstühlen, um einen Vino blanco oder ein Bier zu trinken.

Damals parkten wir unser Auto neben der Bushaltestelle und den Müllcontainern, unmittelbar unter der alten Zuckerfabrik. Heute ist *Frigiliana* das weiße Vorzeigedorf in der Region. Das hat seinen Grund, denn die Lage, wenige Kilometer oberhalb von *Nerja*, ist einfach traumhaft. Inzwischen muss man seinen Wagen zumeist in einem Parkhaus abstellen. Reisebusse besetzen die Straßenränder. Jetzt im Januar ist es nicht ganz so schlimm.

50: Frigiliana von Süden

Dennoch sind wir überrascht, wie viele Menschen es an diesem kühlen, windigen Morgen nach *Frigiliana* verschlagen hat. Wie muss es hier erst im Sommer sein?!

Trotzdem hat der Ort seinen Charme bewahrt. Unser erster Weg geht hinauf zur Zuckerrohrfabrik. Hier wird noch immer Zuckerrohrhonig hergestellt und in kleinen

Gläsern mit dem Abbild der Heiligen Jungfrau del Carmen verkauft.

51: An der alten Zuckerfabrik

Rechts davon werfen wir einen Blick in das tief unten liegende Flusstal und sehen die Villa Los Tajos, die wir vor vielen Jahren einmal gemietet hatten, als Leonid uns noch in den Süden begleitet hat. Es liegt herrlich an einem atemberaubenden Hang im Tal des Rio Higuerón.

Wir schlendern durch das Dorf und stellen fest, dass *Frigiliana* jedes Jahr exklusiver und chicer wird. Dabei behält es zum Glück noch ein wenig von seiner Schlichtheit. Und das, obwohl man hier auf Menschen aller Herren Länder stößt, von Holländern über Engländer, Deutsche und Polen bis zu Franzosen und Japanern. *Frigiliana* ist international geworden.

52: *Villa Los Tajos im Tal*

Und alle kommen hierher, ob mit dem Auto, dem Bus oder neuerdings mit den Fünftausendeuro eBikes, die einen jeden komfortabel auf die vierhundert Meter Höhe über dem Meeresspiegel bringen.

53: Kirchplatz in Frigiliana

Wir bummeln zum kleinen Platz vor der Kirche San Antonio, wo wir vor Jahren ganz spontan mit Sabine und Hartmut eine große Tafel haben aufbauen lassen und mit Familie und Freunden zu zehnt gespeist haben. Dann schauen wir in die Kirche San Antonio, die aus dem 17. Jahrhundert stammt.

Es ist für mich immer wieder überraschend, in den kleinen verwinkelten Dörfern, ob in Frankreich, Spanien oder Portugal, in die örtlichen Kirchen zu treten und überrascht zu werden von hohen

Kirchenräumen und mehrschiffigen Architek-
turen, die in den kleinen Gassen nicht zu ver-
muten sind. Für die heimische Kirche wurde
in den beengten Dörfern immer genug Platz
geschaffen, damit das „Haus Gottes" der
prachtvollste Ort eines jeden Dorfes sein
konnte.

54: Kirche des Heiligen Antonius von Padua in Frigiliana

Auf dem Rückweg lassen wir uns noch
kurz auf einer Bank vor der kleinen Bar
Vinos El Lagar in der *Calle Real*, oberhalb des
Kinderspielplatzes nieder. Jeder von uns
trinkt ein kleines Glas Moscatel für jeweils

einen Euro mit Blick über das weite bunt-grüne Tal bis zum Mittelmeer. Ein schöner, beruhigender Moment.

Bei einer völlig gelangweilten Neunzehn-jährigen, die gerade Tapas zubereitet, kaufe ich an dem angeschlossenen Ver-kaufstresen dann noch eine Flasche trockenen Al-jazina Weißwein. Er gilt als Wein aus dem Ort. Ob dem wirklich so ist, wissen wir zwar nicht, aber vor einigen Jahren hatten wir in ei-ner Seitenstraße Richtung *Rio Higuerón* noch gesehen, wie dort im Herbst Hängerladungen von Trauben angeliefert und in große handbe-triebene Pressen gefüllt wurden.

Zum Abschluss unseres Besuches werfen wir noch einen Euro in das kleine Häus-chen, in dem die nahezu lebensgroßen Mario-netten *Carmen* und *Dolores* sitzen, die durch unseren Münzeinwurf zum *Leben* erweckt werden und mit vielen Gesten und Rollen der Augen die Geschichte *Frigilianas* in zahlrei-chen Anekdoten in bestem schwäbischen Di-alekt aus dem Lautsprecher erzählen.

55: Puppentheater mit Carmen und Dolores

Dass der Apparat noch immer funktioniert, lässt uns nur wundern, denn wir haben schon seit vielen Jahren jedes Mal unseren Spaß an dieser herrlichen Kuriosität des Ortes.

24

VIERUNDZWANZIGSTER TAG

Ich habe selten so gefroren, wie heute Morgen. Noch vor der Dämmerung schalte ich die Heizung in unserem Zimmer an. Zum Kaffeekochen in der Küche ziehe ich mir zwei Pullover und einen Schaal über. Diese behalte ich auch im Bett an, wobei eine heiße Tasse nunmehr zumindest meine Finger erwärmt.

Auf den frostigen Morgen folgt, wie so häufig hier, ein wolkenloser Tag, endlich auch mal wieder ohne Wind, sodass die Sonne bis zum frühen Abend ihre volle Kraft am azurblauen Himmel entfalten kann. Auf den kühlen Morgen folgt einmal wieder ein Tag für Shorts und Shirts.

Eine Runde Tennis hinter dem Haus bringt uns in Schwung. Gabi bastelt danach wieder an den Fugen der Baluster, spachtelt, schmirgelt und poliert, malt an der Garage und an der Kellertreppe und findet immer wieder eine Ecke, die ihren ästhetischen Ansprüche nicht genügt und die bearbeitet werden muss.

56: Andalusische Literaturrecherche

Ich widme mich heute einmal einer Recherche der deutschsprachigen Andalusienliteratur, zumindest der gängigen Werke. Schnell stelle ich fest, dass es neben zahllosen

Reiseführern für alle Zielgruppen vom Wandersmann über den Mountainbiker, vom Wohnmobilfahrer bis zum Pauschaltouristen ein breitgestreutes Angebot der hinlänglich bekannten Verlage gibt. Auch im Bereich der Romane, der Kriminal- und Liebschaftsgeschichten kommt Andalusien nicht zu kurz. Spannend wird es bei den älteren Reisebeschreibungen eines *Washington Irvine*, der allerdings eher in die Gattung der Romantischen Belletristik fällt oder eines *Hesse-Wartegg*, der mit seinen Reisebeschreibungen, trotz mancher bemerkenswerten Beobachtungen, jedoch eher einer altertümlich-anekdotischen Betrachtungsweise zugeneigt ist.

Mir scheinen drei Publikationen bemerkenswert. Zum einen ist es die Novelle *Cabo de Gata* von Eugen Ruge von 2014. Gabi hat sie sich gleich auf ihren eReader geladen. Ist am Ende allerdings doch nicht so begeistert. Zum anderen die Erinnerungen von Arthur Koestler an den Spanischen Bürgerkrieg und die Eroberung *Malagas* durch die Franco-Truppen, die er in seinen Aufzeichnungen unter dem Titel *Ein spanisches Testament* festgehalten hat. Dieses Buch werde ich mir gleich im Anschluss an unsere Reise bestellen. Und dann gibt es noch Marlene Wörners bemerkenswertes Buch *Weiße Dörfer in der Axarquia* mit einer akribischen Sammlung von Informationen über die umliegenden Orte.

Andrea hat heute geschrieben. Sie wurde nach einem Sturz vor ihrem Haus zwei Stunden in *Bremerhaven* am Handgelenk operiert. Ein Foto des Röntgenbildes mit Platte und Schrauben im Arm hat sie auch noch geschickt. Ach, wie blöd. Ich habe versucht sie mit einem Bierdosenfoto aus Spanien aufzuheitern, hatte aber übersehen, dass ich ihr genau dieses Foto bereits vor zwei Wochen geschickt hatte. Das passiert, wenn die Alten nicht mehr wissen, was sie gerade gemacht haben und auch nicht richtig hingucken, wo sie gerade hintreten.

Die Sonne will heute gar nicht ihre Kraft verlieren. Bis nach sechs Uhr sitzen wir draußen und genießen diesen besonderen Wintertag. Kater Mau und Katze Mimi bekommen noch ihre Abendportion, lassen sich noch ein wenig kraueln und schleichen letztlich von dannen.

57: Mau und Mimi

Irgendwann in der Nacht finden sie den Weg zurück in das Körbchen unter unserem Balkon oder auf die Fußmatte vorm Terrasseneingang. Oder aber sie bleiben fern. Was immer die Katzen nachts so treiben mögen.

÷ ÷ ÷ ÷ ÷

25

Wollten wir heute nicht eigentlich nach *Malaga*? Oder nach *Granada*? Wir hatten sowas mal gesagt. Aber als die Sonne dann gegen kurz nach zehn die Terrasse vor dem Haus erwärmt, haben wir gar keine Lust, dieses schöne Plätzchen hier oben in den Bergen zu verlassen. Wir sind hierhergekommen, um mal nichts machen zu müssen und um auch mal einfach nichts zu machen. Genau das tun wir heute. Gabi möchte gerne weiter die abgeblätterten Fassaden bearbeiten und ich möchte gerne ein wenig auf meiner Gitarre spielen, die ich letztes Jahr in *Malaga* erworben habe. Und so machen wir es auch.

A m Nachmittag fahren wir kurz runter nach *Caleta de Velez*, ans Meer. Wir bummeln auf der Promenade entlang Richtung *Torre del Mar*. Die Zwergpapageien, die hier in den hohen Palmen allgegenwärtig sind, schnattern uns von oben an. Der breite Strand, der sich über mehr als drei Kilometer entlang der Bucht erstreckt, ist so gut wie leer. Nur hier und da sitzen Pärchen oder Familien in den Strandrestaurants zusammen und lassen sich die Tapas, den Wein oder das Bier in der warmen Wintersonne schmecken.

58: Palmenpromenade in Caleta de Velez

Ab und zu kommt ein Jogger vorbei, der den langen Weg am Meer nutzt, um fit zu bleiben. Oder ein Gassigänger lenkt seinen kleinen Kläffer vorbei an entgegenkommenden Radfahrern.

In *Caleta de Velez* steigen wir auf die ins Meer führende Steinmole mit der roten Positionslaterne und wundern uns über die großen Jachten, die sich bei näherem Hinsehen eher als ziemlich robuste, wettertaugliche Fischerboote erweisen.

59: Wintermoment am Meer

Nach einem kurzen Einkauf für das Nötigste – und das Unnötig, aber Leckere – fahren wir zurück zur *Casa Niko* und genießen die schöne Stunde vor einem wieder einmal faszinierendem Sonnenuntergang bei einem Glas Verdejo vor dem Haus.

26

SECHSUNDZWANZIGSTER TAG

Die ersten Sonnenstrahlen des Morgens sehen wir gewöhnlich an den Reflexionen der Hochhäuser im sechzig Kilometer entfernten *Benalmadena*. Als ich heute Morgen den Vorhang aufziehe, leuchtet es orange von dem gegenüberliegenden Hang, rund sechshundert Meter entfernt. Nanu, denke ich, hat da jemand ein neues Fenster eingesetzt? Ich schaue auf die Uhr: 8:04 h. Das ist eigentlich zu früh für die Sonne. Also schnappe ich mir das Fernglas aus der Halle und spähe dem funkelnden Licht hinterher. Meterhohe Flammen erhellen das Grundstück am Hang. Dunkler Rauch steigt gen Himmel. Sollte dort ein Feuer ausgebrochen sein? Gabi beruhigt mich. Da wird doch nur der Gartenabfall verbrannt. Ja, aber Sonntag morgens um acht? Klar, wann denn sonst? Ich erinnere mich aus früheren Jahren, dass in den Mango- und Avocadoplantagen immer mal ein Rauchwölkchen aufsteigt und die klare Luft anreichert. Gerade an den Wochenenden sind die Kleinpächter auf ihren Anbauflächen und kümmern sich um ihre Pflanzen. Schnell haben sich die meterhohen Flammen dann auch auf ein kleines Feuerchen reduziert. Da hat wohl jemand etwas zu viel Brennspiritus zum Entzünden verwendet.

Der nächste Blick geht auf die Terrasse. Nanu! Eine Katze hat sich in der Nacht vor unserem Fenster entledigt. Das gab es auch noch nicht. Ansonsten halten die Vierbeiner ihr Revier peinlich sauber und verrichten ihre Geschäfte abseits in der Wildnis. Also geht es erstmal mit Zeitungspapier und viel Fantasie hinaus, um den Dreck zu beseitigen und ökologisch einwandfrei zu entsorgen. Welch bewegender Morgen in dieser abgelegenen Einsamkeit.

Die Mandelblütenzweige, die wir vor einer Woche vom *Castel Bentomiz* mit gebracht haben, scheinen sich in der Wasservase nicht so recht wohl zu fühlen. Sie zieren zwar unseren großen Tisch in der Halle, aber sie scheinen sich nicht weiter zu entwickeln. Ganz im Gegenteil. Die Bäume draußen haben bereits einen rosaweißen Schleier angelegt. Unsere Zweige scheinen in der Entwicklung stehen geblieben zu sein. Es sind halt keine Kirsch- oder Forsythienzweige, wie wir sie aus dem kühlen Norden kennen. Also werden sie heute entsorgt. Stattdessen stellen wir neue dicke weiße Kerzen auf den Tisch, denn die alten waren heruntergebrannt. Kein Wunder, denn wir entzünden sie jeden Abend beim Essen und lassen sie dann noch lange leuchten.

Am Nachmittag holen wir uns zusätzlich noch Olivenzweige ins Haus. Oberhalb der *Casa Niko* stehen zahlreiche Bäume, an denen zum Teil noch die dunklen Früchte hängen. Die Zweige der uralten Olivenbäume lassen sich kaum brechen, denn sie sind sehr biegsam und elastisch. Schließlich haben wir ein paar dünne Äste für die Vase gefunden. Sie sehen wunderschön aus und erinnern mich immer an ein Gemälde von *Henri Matisse.*

60: *Olivenbäume am Hang*

Beim Zweigebrechen spüren wir erste Tropfen aus dem einst klaren Himmel, der sich über den Bergen verfinstert hat. Wir flüchten ins Haus und es folgt ein kräftiger Landregen, der bis in den Abend anhält. Ich schiebe das Katzenkörbchen ein Stück weiter unter den Balkon, damit die schnurrigen Biester es zumindest für die Nacht trocken haben.

÷ ÷ ÷ ÷ ÷

27

SIEBENUNDZWANZIGSTER TAG

M*alaga* hat sich gemacht. Vor über zwanzig Jahren hat man damit begonnen, den Straßenverkehr aus der Altstadt zu nehmen. Dieses Konzept hat sich bewährt, denn in den unzähligen Gassen des Stadtzentrums pulsiert das Leben.

S elbst an einem kalten, windigen Wintermontag ist die Stadt voller Menschen, die durch die Straßen eilen, ihren Geschäften nachgehen und vor den Cafés und Restaurants auf einen kleinen Snack oder einen Drink sitzen und plaudern.

61: In der Altstadt von Malaga

Wer Glück hat, hat einen Sonnenplatz ergattert. Aber auch die kühlen, verschatteten Plätze sind gut belegt. *Malaga* ist großzügig und bunt geworden. Gitarrenmusik ertönt an vielen Ecken. Die große Markthalle ist ein immerwährender Anziehungspunkt. Fahrradwege führen entlang der Hauptstraßen, Palmen und Kakteen zieren die Parks und Grünanlagen. Unrat findet sich im Zentrum der Stadt nirgendwo. Als *Nizza des Nordens* wurde es im 19. Jahrhundert bezeichnet. Diese Funktion kann es heute gut erfüllen.

Natürlich gibt es in den äußeren Stadtbezirken die Hochhaussilos, wie in anderen europäischen Großstädten auch. Immerhin hat *Malaga* gut eine halbe Million Einwohner. Und natürlich sind viele Probleme, zum Beispiel der Umgang mit dem großen trockengefallenen Flussbett, das die Stadt von Norden nach Süden durchzieht, noch nicht gelöst. Aber das kann ja noch kommen. Vor gut einhundert Jahren gab es noch nicht einmal eine Brücke über den Fluss, wie *Ernst von Hesse-Wartegg* 1894 in seiner Reisebeschreibung von *Malaga* berichtet.

S einerzeit machte *Malaga* wohl keinen so anregenden Eindruck. „*... je länger ich blieb, desto weniger gefiel es mir, und keine Stadt Spaniens verließ ich mit größerem Vergnügen, als das vielgepriesene Malaga.*" Das mag damals anders gewesen sein als heute. So schrieb *Hesse-Wartegg* weiter: „*...das Kunstleben mangelt vollständig. Es gibt keine Galerien, Museen, private Kunstsammlungen etc., und ein Bildhauer müsste in Malaga an dem selben Hungertuche nagen, wie etwa ein Pelzhändler.*"

62: Markthalle in Malaga

Heutzutage verfügt *Malaga* über eine vielfältige Museumsszene. Dazu zählt auch das *Picasso Museum* in der Altstadt, das wir heute besuchen. Eigentlich wollte ich mir die spanische Barockmalerei im Kunstmuseum anschauen, aber das ist heute leider geschlossen.

Also stellen wir uns in die Schlange, die zur Mittagszeit nur sehr kurz ist und steigen hoch in die Ausstellungsräume des Palastes der *Buenavista*, einem wunderschönen schlichten Renaissancebau mit einem poetischen Innenhof.

63: Picasso-Museum im Palazzo Buenavista

Die Sammlung lässt uns etwas ratlos zurück. Gabi sagt, es gab nur ein Gemälde, das ihr wirklich gefallen hat. Ich sehe das ähnlich. Es scheint, als habe man mit Mühe und Not eine Sammlung zusammengebracht, um dem 1881 in *Malaga* geborenen *Picasso* die Ehre zu erweisen. Die Familie verließ *Malaga* als *Pablo* gerade zehn Jahre alt war. Das letzte Mal besuchte er die Stadt Weihnachten 1900. Seine künstlerischen Impulse nahm er anderenorts auf und lebte schließlich überwiegend in *Madrid*, *Barcelona*, *Paris* und *Nizza* und an verschiedenen Orten in Südfrankreich. Mir wird deutlich, dass es wohl seinen Grund hat, dass *Picasso* mich niemals besonders begeistert hat.

64: Wandteppich im Picasso Museum

Von den Kubisten haben mich *Braque* und *Gris* immer mehr angesprochen und den Weg zur Klassischen Moderne finde ich bei *Matisse* wesentlich interessanter.

Wir bummeln noch ein wenig durch die Straßen. Besonders schön ist es am Platz vor dem antiken Römischen Theater.

65: Orangenbaum an der Kathedrale

Wir besuchen auch die riesige *Iglesia de San Juan Bautista*, die ihre Tore plötzlich vor uns öffnet und bewundern den glitzernden Prunk und auch die großen Passionsfiguren, die sich in zahlreichen spanischen Kirchen befinden und die an Fest- und Feiertagen durch die Straßen getragen werden.

Was mich in den christlichen Kirchen immer wundert ist, dass das Leiden der Figuren so sehr im Vordergrund der Darstellungen steht: der leidende Christus am Kreuz, die schmerzerfüllte Maria, die Märtyrer in ihren Qualen. Da freut man sich einmal mehr beim Anblick einer raffaelesken Maria mit Kind oder einer schlichten bethlehemitischen Stallszene mit Maria, Josef und den Hirten.

66: Iglesia de San Juan Bautista

Der Weg setzt sich zum Hafen fort. Dort ist es heute allerdings so stürmisch, dass wir lieber Richtung Kathedrale bummeln. Als uns der Hunger und die Neugier in der *Calle Marques de Llarios* in der Stadtmitte plagen, gönnen wir uns ein *Hornazo*. Das kennen wir bislang nicht und stellen nach einer kurzen Recherche fest, dass wir gerade einen Hefeteig mit Schweinefilet und Chorizo verschlungen habe. Sehr lecker!

67: Hornazo in Malaga

Nachdem ich meinen im Museum vergessenen Rucksack wieder abgeholt habe und wir auch das Parkticket wiedergefunden haben, das uns in der Kirche aus der Tasche gerutscht ist, fahren wir vorbei am Stadion des einstigen Champions League Teilnehmers und nunmehr ewigen Zweitligisten FC Malaga zurück zur *Casa Niko*.

÷ ÷ ÷ ÷ ÷

28

ACHTUNDZWANZIGSTER TAG

Angenehm ist es im Januar, wenn man gegen halb elf merkt, dass es Zeit wird die Socken auf der Terrasse auszuziehen, weil die Sonne zu heiß unter den Tisch scheint. Das sind die Momente, in denen ich wieder merke, wie gut die Entscheidung war, die Wintertage in Andalusien zu verbringen. Auch wenn es nachts ziemlich kalt ist. Auf den umliegenden Bergen liegt wieder Schnee. Sogar drüben in Afrika, an den Ausläufern des Atlasgebirges soll es in der letzten Woche wieder geschneit haben. Von einer Kältewelle, die bis in die Sahara reicht, ist die Rede. Auch auf Mallorca soll es Schnee gegeben haben, wie das

Wetterradar anzeigt. Da sind wir mit den siebzehn Grad Tageshöchsttemperatur heute mehr als zufrieden.

Heute ist Rado wieder da, um den Pool zu reinigen und die Pflanzen zu wässern und zu beschneiden. Sein Auto ist noch immer kaputt, sodass er zu Fuß den Berg hochkommt. Eine halbe Stunde braucht er, sagt er. Ob ich ihn nach Hause fahren kann, frage ich. Nein, er müsse auch noch auf andere Grundstücke. Aber einen gesüßten Kaffee nimmt er sehr gerne.

68: Ein Kaffee geht immer

Am Nachmittag treffen wir zufällig auf Paul, den Mann, der in diesem Tal zahlreiche Häuser hat bauen lassen. Wir grüßen uns freundlich, versichern uns, dass wir uns ja aus dem vorletzten Jahr kennen, und tauschen ein paar nette Worte aus. Aber scheinbar hat Paul es eilig, denn zu einem längeren Gespräch am Wegesrand kommt es nicht. Paul hätte bestimmt viel zu erzählen gehabt.

÷ ÷ ÷ ÷ ÷

29

NEUNUNDZWANZIGSTER TAG

Nachdem ich festgestellt habe, dass der Zuckerrohrhonig aus *Frigiliana* auch in anderen Geschäfte an der Küste verkauft wird, habe ich mir ein kleines Glas mit dem sonderbaren blassgelben Etikett und einer rührenden Szene der bekrönten *Virgen del Carmen*, der Heiligen des Dorfes *Frigiliana* mit dem zuckersüßen Jesuskind mit seinen blonden Engelslocken, besorgt. *Jugo cocentrado de cana de azucero* steht in bräunlichen Buchstaben auf dem Etikett. Seit 1725 wird dieses Produkt angeblich in *Frigiliana* hergestellt. Die dortige Fabrik soll die einzige verbliebene Rohrzuckerfabrik in Europa sein.

Das Zuckerrohr hatte in der Region wohl einst eine ziemliche Verbreitung, denn Reste alter Fabriken lassen sich nicht nur in *Frigiliana,* sondern auch in *Algarrobo, Nerja* und *Torrox* entdecken. Das Zuckerrohr ist eine aus dem arabischen Raum eingeführter Pflanze, die im Süden Spaniens ertragreich angebaut werden konnte und aus der sich ein Süßprodukt extrahieren lässt, das im nördlichen Europa seinen Absatz fand. Erst der dortige Anbau der Zuckerrübe beendete im 19. Jahrhundert die Zuckerindustrie in Andalusien.

69: Andalusische Spezialität: Zuckerrohrhonig aus Frigiliana

Nach dem Öffnen des Glases steigt mir ein süßer Duft aus der schwarzbraunen honigartigen Masse entgegen. Der Löffel lässt sich kaum eintauchen, so zäh ist der Honig. Der Geschmack ist lieblich-herb und durchaus lecker. Ich benutze die Masse jetzt zum überbackenen Schafskäse oder süße damit mein morgendliches Müsli. So auch heute Morgen unter einem hellblauen Winterhimmel ohne jegliche Wolke am Firmament.

Am Nachmittag machen wir uns noch einmal auf zu Gabriels Haus, vorbei an den kläffenden Hunden, über den felsigen Weg.

Wir sehen Gabriele wieder bei der Gartenarbeit, winken von weitem zu und steigen hinauf zum Grad, der das *Bentomiztal* vom *Sayalongatal* trennt. Man trifft hier keine Menschen, denn die zahlreichen Villengrundstücke am Wegesrand sind zu dieser Jahreszeit alle nicht bewohnt. Wer fährt schon im Winter nach Andalusien?

70: Felsige Wege im Bentomiztal

Wir bummeln den Berg hinunter und pflücken noch einen filigranen Ast von einem immergrünen Busch für die Vase in der Halle der *Casa Niko*. Unten im *Bentomiztal* hören wir Bauarbeiten. Große Laster bringen dort Wagenladungen Felsbrocken in das Tal, für was auch immer. Scheinbar ist die Winterpause jetzt beendet und die Arbeiten haben wieder begonnen. Zum Glück ist das alles weit entfernt und erreicht uns kaum auf unserem Anwesen.

÷ ÷ ÷ ÷ ÷

30

Die Nächte sind hier auch im Februar kalt. Da es erst um acht Uhr hell wird und die Sonne um 10 Uhr die Terrasse erwärmt, macht es Sinn, im andalusischen Winter lange zu schlafen. Klingt praktisch. Ist es auch. Aber selbst morgens um acht ist es in unserem Zimmer noch gefühlt bitterkalt. Daher habe ich einen Modus entwickelt, der es zumindest angenehmer macht, die frühe Morgenzeit zu überbrücken. Das Programm geht wie folgt: 1. Vor acht Uhr wird sich nicht gerührt, zur Not tot gestellt. 2. Nach acht geht es zuerst in die Schuhe und mindestens ein Pullover wird übergezogen, manchmal auch ein Schaal. 3. Die Vorhänge werden aufgezogen. 4. Die Klimaheizung, die aber fünf Minuten braucht, um auf Touren zu kommen, wird angeschaltet. 5. Die Balkontür wird geöffnet, um frische Luft (brrr) herein zu lassen. 6. Hinunter in die Halle, um die Kaffeemaschine anzustellen und das Wasser anzuschalten, das die Kaffeetassen erwärmen soll sowie die Milch aus dem Kühlschrank holen 6. Treppe wieder hoch und die Fenster mit dem Wischer aus der Dusche abrakeln, damit man was sehen kann. 7. Das runtergelaufene kondensierte Wasser mit einem Tuch aufwischen und auf dem Balkon ausdrücken. 8. Balkontür schnell wieder schließen. 9. Wieder runter in die Halle, Kaffeetassen vorwärmen und hoffen, dass der Kaffee bereits durchgelaufen ist. 10. Kaffee in die Tassen füllen und Treppe aus der Halle wieder hoch. 10. Hoffen, dass die Klimaheizung angesprungen ist, um den Raum zu erwärmen, dass die Fenster nicht erneut beschlagen sind und ab ins Bett, um eine heiße Tasse Kaffee in einem warmen Bett mit Blick über das Mittelmeer an einem andalusischen Wintertag genießen. Einfach herrlich hier!

Heute reparieren wir den Poller am Weg, damit niemand den Berg hinuntersaust, der zu schnell um die Kurve kommt. Der Beton ist aus einem Baluster gebrochen und muss erst wieder zusammengesetzt werden. Ein Mauerstück ist den Abhang runtergefallen, also muss ich hinterher und auch den Abhang runter, um das Teil wieder hinauf zu befördern. Mit Klebeband, Bindfaden und frischem Beton sichern wir das Element. Morgen wollen wir es mit einer Mullbinde und zusätzlichen Betonschichten weiter stabilisieren.

Am Nachmittag fahren wir runter nach *Torre del Mar* zum *Chinesen*. Diese *Chinesen* gibt es hier in jedem Ort. Es sind Läden für den täglichen Bedarf, eine Art Drogerie, Kleinkaufhaus, Baumarkt und Eineuroladen. Außer Lebensmittel gibt es hier fast alles. Zunächst fanden wir diese China-Invasion für den Alltag etwas befremdlich, mittlerweile gehören sie für uns, wie für die Spanier einfach dazu. Auch wenn uns bewusst ist, dass sich hier schleichend ein Monopol entwickelt.

Ausgestattet mit einem neuen, breiteren Wischer (45 cm!) für die Fenster, mit neuem Zement, Maler-Set, Packpapier, Geburtstagskarte, Vorratsbehälter und noch irgendwas verlassen wir den Laden. Wir fahren entlang der Küste nach Osten, parken den Wagen auf einem Parkplatz und bummeln auf der Promenade Richtung *Mezquitilla*. Auf der anderen Seite des ausgetrockneten Flusses hat das *Baobab Beachhouse* heute wieder geöffnet.

71: Baobab Beachhaus in Mezquitilla

Es liegt unmittelbar am Strand und es sind kaum Gäste zu sehen. Wir suchen uns einen Tisch auf der Veranda und lassen es uns mit einem schmackhaftem Essen, einem (oder waren es zwei?) Glas Weißwein und einem traumhaften Ausblick über das Meer gut gehen. Eine sanfte Brise weht über den Strand. Hier kann Glück perfekt sein!

31

Wenn ich morgens aus dem Fenster schaue (der neue Wischer ist klasse!) und die Augen zusammenkneife, stelle ich fest, dass man hier oben am Berg nicht allein ist. Vor der gegenüberliegenden Felswand stehen drei Wächter. Man braucht ein wenig Fantasie um sie zu identifizieren. Aber wenn man sie entdeckt hat, sind sie immer da. Es sind *Palmus*, der *Gnom* und der *Zwerg*.

Palmus überragt alle. Unterhalb der Palmenblätter, in fünf Meter Höhe hat sich der Stamm der abgetrennten Palmenwedel zu einem Gesicht mit einer langen Nase, einem kleinen Mund, buschigen Augen und zwei kleinen Hörnern entwickelt. Er schaut etwas streng, aber durchaus freundlich auf das Haus und das Anwesen. Rechts von ihm wohnt der *Gnom*. Von ihm ist nur das runde Gesicht auf einem Felsbrocken zu sehen. Unter seinen wulstigen Augenbrauen liegt eine breite Nase und ein schmaler Mund. Er schaut aus, wie ein kritischer Beobachter, ein Charakterkopf, der seine eigene Meinung von der Welt hat.

72: Morgendlicher Blick aus dem Fenster

Links von *Palmus* zeigt sich der *Zwerg*. Mit seiner langen Nase im Profil und seinem schlauen Blick ist er der Dritte im Bunde, der hier wacht. Hinzu kommen noch die beiden Buddha-Figuren in unserem Zimmer, die Lina hier aufgestellt hat. Es ist manchmal gut zu wissen, hier oben am Berg nicht ganz allein zu sein.

32

ZWEIUNDDREISSIGSTER TAG

Heute bekommt der Poller am Wegesrand seine zweite Betonschicht. Die erste Reparatur hat über Nacht ganz gut gehalten. Wir entfernen das provisorische Klebeband und mit dem Spachtelset vom Chinesen lässt sich seine Stabilität weiter festigen. Wenn er gut durchgetrocknet ist, wird er morgen weiß angemalt.

Gegen Mittag fahren wir runter ans Meer. Wir wollen ein wenig am Strand entlang bummeln. Mittags ist dort unten am Jachthafen immer Livemusik. Und man kann wunderbar beschwingt zuhören oder sich in ein Café an der Promenade setzen.

73: In den Straßen von Caleta de Velez

Wir laufen noch ein wenig durch die Straßen von *Caleta*, entlang des Marktes, dann durch die kleinen Gassen zur Straße am Meer.

Schließlich führt uns der Weg an den leeren Strand, wo wir uns in der milden Luft niederlassen und den Blick aufs Meer genießen. Der Himmel ist heute glasklar. Nur ein laues Lüftchen regt sich über dem Wasser. Dieser Tag hätte auch vom hiesigen Tourismusbüro (gibt es das hier überhaupt?) als Wintervorzeigetag ausgewählt worden sein können.

74: *Am Jachthafen von Caleta de Velez*

Am Abend regt sich Bewegung am Berg. Lina ruft an und erzählt, dass in der letzten Nacht in zwei Häusern oberhalb der *Casa Niko* eingebrochen wurde. Zeitgleich kommt Gabriel mit einem zivilen Polizisten vorbei und berichtet dasselbe. Und kurz darauf kommen Eva und Raffael entlang des Weges, die ein Haus unter uns bewohnen. Auch sie sind aufgrund der Einbrüche beunruhigt. Es scheint sich also doch um eine Einbruchsserie zu handeln.

Am Abend sichern wir nochmals Haus und Hof und versuchen uns von diesen unschönen Nachrichten nicht verrückt machen zu lassen. Ab jetzt schalten wir das Licht auf dem Grundstück über Nacht auch nicht mehr aus.

33

DREIUNDDREISSIGSTER TAG

Ein stiller Sonntagmorgen. Die Nacht war ruhig geblieben, auch wenn ich nicht so gut geschlafen habe, wie sonst. Der Himmel ist wieder klar, kein Wölkchen am Himmel. Heute sollen es wieder achtzehn Grad im Schatten werden. Ich frage bei Niko nach, wo ich einen Blasebalg für die Badeinsel finden kann. Bei zwölf Grad Wassertemperatur ist mir das Vollbad im Pool nicht ganz so genehm, die Badeinsel schon.

Gabi hat heute Morgen den Poller am Wegesrand angemalt. Scheinbar hat der Beton gehalten. Jetzt sieht er wieder aus wie neu, nur etwas schief haben wir ihn gerichtet. Aber besser als vorher.

75: Reparierte Straßenbegrenzung

Im Laufe des Tages merken wir, dass der andalusische Zauber uns gerade ein wenig abhanden kommt. Die Einbrüche in der Umgebung belasten uns schon. Wir schauen immer mal wieder auf den Weg, wir hören hin, ob ein Fahrzeug den Berg heraufkommt, wir fühlen uns plötzlich nicht mehr so frei, wie bislang.

Gemeinsam mit Gabriel schaue ich nochmals in die Nachbarhäuser. Da wo alles in Ordnung scheint, gehen wir übers Grundstück und prüfen, ob auch tatsächlich alles heil geblieben ist. Dort, wo in der vorletzten Nacht eingebrochen wurde, zeigt Gabriel mir die durchwühlten Zimmer. Wir gehen auch in den Garten, dorthin, wo die Diebe den Zaun aufgeschnitten und von der anderen Talseite kommend das Grundstück betreten haben. Ich sehe die Fingerabdrücke, die die Polizei an den Türen freigelegt hat. Demnach und aufgrund von Auswertungen der Überwachungskameras sollen es drei Männer und eine Frau sein, die hier professionell maskiert über die Terrassentüren in die Häuser eindringen. Gabriel zeigt mir auch die Fotos seines durchwühlten Hauses. Das möchte man nicht erleben. Er sagt, ich kann ihn jederzeit am Tage oder auch des Nachts anrufen, falls irgendetwas nicht stimmt. In zehn Minuten sei er da. Er klingt recht verzweifelt.

In der Presse finden sich immer wieder Berichte von winterlichen Einbrüchen in Südspanien. Dabei handele es sich nach den

Costa Nachrichten sowohl um Einzeltäter als auch um international organisierte Banden, die auf Bargeld und Schmuck aus seien. Auch zu Gewalt gegen Personen soll es dabei gelegentlich kommen.

Am Abend sichern wir die Türen mit dem, was wir so zur Verfügung haben. Unsere Zimmertür schließen wir ab. Einen Spaten habe ich mir schon mal unters Bett gelegt. Aber wir sind uns auch bewusst, dass es so nicht weitergehen kann. Wir hatten bislang wunderschöne Wintertage in Andalusien. Vielleicht sind sie jetzt einfach zu Ende. Und das gilt es auch zu akzeptieren. Vielleicht ist jetzt einfach der Zeitpunkt gekommen, um die unbeschwerte Zeit hier am besten in der Erinnerung zu behalten.

÷ ÷ ÷ ÷ ÷

34

VIERUNDDREIßIGSTER TAG

Die Nacht haben wir unruhig und wenig geschlafen. Der Morgen hingegen ist wieder wunderbar. Zunächst halten sich noch einzelne Wolken am Morgenhimmel, die sich langsam verziehen. Dann leuchtet der andalusische Himmel wieder in voller Pracht.

Wir machen einen kleine Morgenspaziergang, den Weg hoch und auch hinunter. Kein Lüftchen regt sich. Die Mandelbäume stehen in voller Blüte, die Zitronen- und Orangenbäume tragen noch vereinzelt Früchte. Wir sehen Palmen- und Olivenbäume und man meint, es kann unter dieser warmen Wintersonne nirgendwo schöner sein, als gerade hier.

76: Mandelbäume in voller Blüte

Ein kleines Tennismatch zur Mittagszeit hinterm Haus bringt uns die notwendige Dynamik für den Bewegungsapparat. Es läuft ganz gut, obwohl oder weil wir in den letzten Tagen eine kleine Matchpause eingelegt haben. Kurz überlegen wir noch, heute nach *Granada* zu fahren. Aber dann entscheiden wir uns doch eher für entspannte Stunden am Haus und am Pool bei sommerlichen Temperaturen.

Am Spätnachmittags teilen wir Niko und Lina mit, dass wir entschieden haben, die andalusischen Wintertage zu beenden. Wir hatten herrliche leichte Wochen, die sich voller Glück und Zufriedenheit angefühlt haben. Morgen werden wir unsere Sachen packen.

Wir haben uns sehr schwer getan, mit dieser Entscheidung, gerade weil wir uns hier so wohl gefühlt haben. Nun aber haben wir das Gefühl, zur falschen Zeit am falschen Ort zu sein. Wir können die Welt hier und jetzt nicht zu unseren Gunsten ändern, also müssen wir uns (ver)ändern. Am Mittwochmorgen geht unser Flieger. Die ganz dunklen Tage im Norden sind nun auch schon vorbei. Und genau denen wollten wir ja aus dem Weg gehen. Da war Andalusien die perfekte Wahl.

35

FÜNFUNDDREISSIGSTER TAG

Der Himmel ist düster. Es hat heute Nacht geregnet. In der Nacht wachen wir auf, weil wir meinen, ein Auto gehört zu haben. Ich stehe am Fenster und starre in die Dunkelheit. Es ist nichts zu sehen. Aber auf der anderen Seite des Tales sehe ich in der Ferne Autoscheinwerfer und Rücklichter.

Immer zu zweit kommen sie bergauf oder bergab gefahren, halten an, fahren weiter. Ist das die Polizei, dort drüben bei der Villa Antonia? Ich weiß es nicht. Nach einer halben Stunde steige ich durchgekühlt wieder ins Bett und versuche Schlaf zu finden.

77: Winternacht mit Blick über die Küste

Heute scheint der richtige Tag zu sein, um die Sachen zusammenzupacken. Ich lege auch ein paar Olivenzweige beiseite, die ich gepflückt habe, um sie mit nach Hause zu nehmen. Am Nachmittag fahren wir nochmal runter an die Küste, um zu tanken und um für Niko und Lina ein wenig Vorräte zu besorgen. Bei der Rückfahrt rumpelt es kurz vor der *Casa Niko* gehörig im Motorraum. Als wir ober ankommen, sagt Gabi, es qualmt unter der Kühlerhaube. Ich sage, es verbrennt wohl wieder jemand Müll, bis ich den Qualm auch sehe und den Motorraum öffne. Dort riecht es verbrannt und der Motor ist komplett nass. Zunächst denken wir an ausgetretenes Öl.

Ich setze den Wagen ein Stück zurück und wir stellen fest, dass es eher Kühlflüssigkeit sein muss. Was nun? Niko sagt am Telefon, in *Algarrobo* sei Antonio Molinas Werkstatt, zu der wir bestenfalls einmal fahren sollen. Wir starten den Motor erneut und rollen im Leerlauf den Berg nach *Algarrobo* hinunter.

78: Testfahrt in den Bergen

Bei Antonio herrscht Hochbetrieb. Wir werden sehr freundlich empfangen und ein Mitarbeiter schaut sich das Problem an. Er holt einen 5 Liter Kanister Kühlflüssigkeit und füllt nach. Meine Augen werden immer größer: Ein Liter ist ok, bei zwei Liter denke ich, naja, bei drei Liter atme ich tief durch, bei vier Liter bin ich mir sicher, es gibt ein Problem und als die kompletten fünf Liter im Kühlsystem verlaufen, da schüttelt der Kollege nur den Kopf und meint, wir sollten wohl lieber nicht wieder zurück in die Berge fahren. Als Reparaturtermin kann er uns ein Datum in sechs Tagen anbieten. Bis dahin seien sie einfach ausgelastet. Bei dem ständigen Kommen und Gehen in der kleinen Werkstatt, ist das völlig nachvollziehbar.

Es hat wieder angefangen zu regnen. Wir stehen ein wenig wie *begossene Pudel* im Nassen. Was tun? Morgen um 10 Uhr geht der Flieger. Wie kommen wir zum Airport? Immerhin sind es gut fünfzig Kilometer stramme Autobahnfahrt. Gabi handelt mit dem guten Mann aus, uns noch einen weiteren Kanister Flüssigkeit zu überlassen. Zudem füllt er den

Tank nochmals nach: Ein weiterer Liter passt jetzt schon wieder hinein. Ach, wie blöd. Wir entscheiden uns trotzdem, zunächst wieder auf den Berg zu fahren. Bezahlen sollen wir nichts. Ich drücke dem freundlichen Mann aber zumindest einen Schein in die Hand und wir bedanken uns für die Hilfeleistung.

Im Schneckenschleichtempo erreichen wir die *Casa Niko* und beratschlagen, was zu tun ist. Noch eine oder zwei Wochen bleiben, um die Autoreparatur abzuwarten? Kein Problem, - aber nicht bei diesen etwas angespannten, schlaflosen Nächten. Also wollen wir versuchen, morgen mit unserem 5 Liter Ersatzkanister Kühlflüssigkeit und weiteren vier Flaschen Mineralwasser zum Flughafen zu kommen.

÷ ÷ ÷ ÷ ÷

36

SECHSUNDDREISSIGSTER TAG

In der Nacht regnet es, wie aus Eimern. Als wir um 6 Uhr aufstehen ist es stockdunkel. Zumindest hat der Regen in den Morgenstunden aufgehört. Obwohl wir alles für den Morgen vorbereitet haben, dauert es doch länger als gedacht, bis das Haus abreisefertig ist.

Gegen halb acht verlassen wir die *Casa Niko* mit einem Gefühl der großen Dankbarkeit für die tolle Zeit, die wir hier verbracht haben. Aber auch mit einem Gefühl der Unsicherheit, wie dieser Tag wohl enden wird: im Regen auf der Strecke, im Tunnel kurz vorm Flughafen, in einem Hotel in *Malaga*, mit einem Flug über *München* oder *Brüssel* nach Hause, mit einer Nacht am Flughafen oder, oder, oder? Viele Gedanken gehen einem durch den Kopf.

79: Am Morgen der Abreise

Der Wagen startet normal. Wir rollen wieder runter zur Autobahnauffahrt. Dort unten gibt es eine Tankstelle, wo zumindest genug Licht ist, um nochmals in den Kühler zu schauen. Gabi hält die Taschenlampe, ich gieße wieder Flüssigkeit nach: ein Liter, zwei Liter, drei Liter, vier Liter. Erst dann ist das System gefüllt. Erschrocken schauen wir uns an. So kommen wir nicht zum Airport. Auf die Autobahn zu fahren, geht gar nicht. Dort werden wir jämmerlich verrecken. Was tun? Es ist nun bereits gegen acht Uhr. Es dämmert. In zwei Stunden geht der Flieger. Die Telefon- und Internetverbindung scheint heute auch gerade ausgefallen zu sein. Das hatten wir an Regentagen schon häufiger. Passt nur heute gerade gar nicht. Wir entscheiden uns, an die Küste zu fahren, um dort vielleicht Leute zu treffen, die uns einen Leihwagen oder eine Taxe vermitteln können.

80: Frühmorgens in Torre del Mar

In *Algarrobo Costa* ist es heute Morgen wie ausgestorben. Nur ein paar Schulkinder stehen an der Haltestelle und warten auf den Schulbus. Die können uns nicht helfen. Also geht es weiter Richtung Westen. Einen Plan haben wir nicht, rein intuitiv Richtung Flughafen. Der nächste Ort ist *Torre del Mar*. Dort sollte doch ein wenig mehr los sein. Aber auch hier sind die Straßen an diesem regnerisch trüben Mittwochmorgen fast ausgestorben.

Dann wie ein Blitz im rechten Augenwinkel: Ich sehe ein Taxischild. Dort steht ein Taxi direkt an der Hauptstraße. Ich biege in die nächste Seitenstraße und finde sofort einen Parkplatz, die hier ansonsten absolute Mangelware sind. Wir holen die Koffer aus dem Wagen, machen Fotos vom Standort und eilen zurück zur Taxe. *Einmal Malaga Airport, bitte. Wie lange wird das dauern?* Der Taxifahrer Javier wiegelt ab und meint, bei dem Wetter und dem Verkehr wohl eine knappe Stunde. Das wird eng für uns, aber wir steigen ein.

Auf dem Weg nach *Malaga* regnet es in Strömen. Zudem staut es sich im morgendlichen Berufsverkehr immer wieder. Erneut denke ich, was wohl passiert wäre, wenn wir mit kochendem Kühler am Straßenrand im Unwetter liegen geblieben wären. Hier in der Taxe lehne ich mich jedoch zurück und schließe beruhigt die Augen.

81: Auf dem Weg zum Airport Malaga

Kurz nach neun sind wir am Flughafen. Im Securitybereich muss Gabi ihr Handgepäck öffnen, da die drei Avocados doch wohl zu sehr nach Handgranaten ausgesehen haben. Und schon stehen wir auf der Gangway, auf dem Weg in den Flieger. Wir informieren Niko per Telefon über die Situation und gleich darauf schließen sich die Kabinentüren und die Triebwerke heulen auf.

Es ist ein nasser, windiger Morgen, als wir *Malaga* verlassen. Es erinnert ein wenig an den nasskalten Morgen in *Hamburg* vor vielen Wochen. Der Taxifahrer Javier hatte noch einen Scherz gemacht, dass die Costa del Sol heute ihrem Namen keine Ehre mache. Da hatte er nun wirklich recht.

Die Power des Airbus drückt uns in die Polster, als die nur spärlich gefüllte Maschine in südlicher Richtung abhebt. Ich fühle mich nun wohl, zufrieden und glücklich darüber, dass alles – trotz der widrigen Umstände – irgendwie geklappt hat. Erleichterung breitet sich aus. Der Flug leistet seinen Beitrag dazu. Hinter *San Sebastian* können wir die französische Atlantikküste deutlich erkennen. Dort sehen wir *Lacanau*, wo wir vor knapp fünfzig Jahren hingetrampt sind.

Weiter geht es Richtung Norden. Wir blicken über die *Normandie*, bis zu den Felsen der englischen Kanalküste. Dann ist

Rotterdam mit seinen Hochhäusern deutlich zu erkennen, kurz darauf *Amsterdam* mit seinen charakteristischen Grachten.

82: Blick auf die französische Atlantikküste

Entlang der west- und ostfriesischen Inseln geht es Richtung Norden. Sogar die Insel *Helgoland*, für die ich vor langer Zeit zwei Jahre gearbeitet habe, können wir am Horizont erkennen, bevor der Sinkflug beginnt und wir letztlich sanft am *Airport Hamburg* aufsetzen.

Lina erwartet uns an diesem sonnigen kalten Wintertag und holt uns am Flughafen ab. Wunderschöne Wintertage in Andalusien enden heute mit leichten Irritationen der letzten Stunden, aber auch mit der Erkenntnis, dass nicht immer alles so läuft, wie es die Illusion verspricht. Auch im Paradies sind Entscheidungen zu treffen, die immer abgewogen sein sollten und abhängig von der konkreten Situation sein müssen.

Eines weiß ich aber ganz genau: Wintertage in Andalusien sind etwas Wunderbares, Einmaliges, sehr Kostbares, das am besten mit allen Sinnen geschätzt und gelebt wird.

÷ ÷ ÷ ÷ ÷

KARTEN

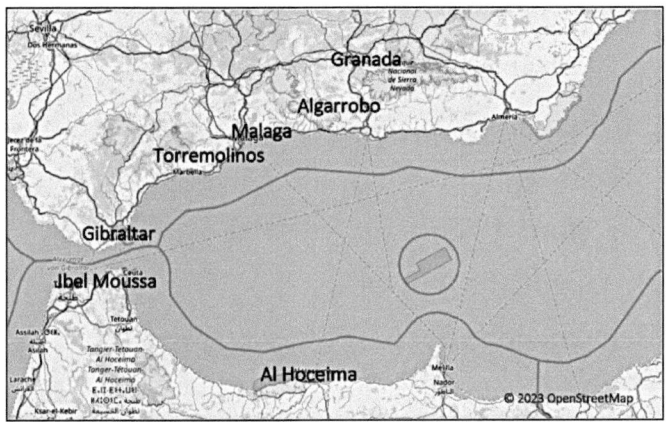

83: Westliches Mittelmeer

84: Östliches Andalusien

LITERATURHINWEISE

Bernecker, Walther L.: Spanische Geschichte, Vom 15. Jahrhundert bis zur Gegenwart, 18. Aufl., München 2021

Hesse-Wartegg, Ernst von: Andalusien, Eine Winterreise durch Südspanien und ein Ausflug nach Tanger, Leipzig 1894

Kunz, Rudibert; Müller, Rolf-Dieter: Deutschland, Spanien und der Gaskrieg in Spanisch-Marokko 1922 – 1927, Einzelschriften zur Militärgeschichte, Bd. 34, Freiburg i. Br. 1990

Montoro Fernández, Francisco: Axarquia, Patrimonio humano historico, Hombres y mujeres singulares de la comarca malagueña, Centro de Desarrollo Rural de la Axarquía. URL: https://cederaxarquia.org/files/ Descargas/publicaciones/ descubreaxarquia/Patrimonio%20Humano%20Historico% 20de%20La%20Axarquia.pdf (20.02.2023)

Sasse, Dirk: Franzosen, Briten und Deutsche im Rifkrieg 1921-1926, Spekulanten und Sympathisanten, Deserteure und Hasardeure im Dienste Abdelkrims, Pariser Historische Studien, Bd. 74, München 2006, URL: https://www.degruyter.com/ document/doi/ 10.1524/9783486840186/pdf (20.02.2023)

Schmidt, Peer; Herold-Schmidt, Hedwig (Hg.): Geschichte Spaniens, 3. Auflage, Stuttgart 2013

Wieczorek, Stefan; Kippes, Stephan: Einbrecher im Süden der Costa Brava gefasst, in: Costa Nachrichten vom 16.02.23, URL: https://www.costanachrichten.com/costa-blanca/ costa-blanca-haus-auto-einbrueche-serie-einbrecher-gefasst-bewohner-92084437. html (20.02.2023)

Wörner, Marlene: Weiße Dörfer der Axarquia, 31 Gemeinden zwischen Meer und Bergen, Norderstedt 2022